小柴昌俊传

杨帆◎著

时代文艺出版社

图书在版编目（CIP）数据

小柴昌俊传/杨帆著. —长春：时代文艺出版社，2016.4（2021.5重印）

ISBN 978-7-5387-5130-7

Ⅰ.①小… Ⅱ.①杨… Ⅲ.①小柴昌俊－传记 Ⅳ.①K833.136.11

中国版本图书馆CIP数据核字（2016）第001667号

出 品 人　陈　琛
责任编辑　孟　婧
助理编辑　史　航
装帧设计　孙　利
排版制作　隋淑凤

本书著作权、版式和装帧设计受国际版权公约和中华人民共和国著作权法保护
本书所有文字、图片和示意图等专有使用权为时代文艺出版社所有
未事先获得时代文艺出版社许可
本书的任何部分不得以图表、电子、影印、缩拍、录音和其他任何手段
进行复制和转载，违者必究

小柴昌俊传

杨帆 著

出版发行/时代文艺出版社
地址/长春市福祉大路5788号　龙腾国际大厦A座15层　邮编/130118
总编办/0431-81629751　发行部/0431-81629755
官方微博/weibo.com/tlapress　天猫旗舰店/sdwycbsgf.tmall.com
印刷/保定市铭泰达印刷有限公司
开本/710mm×1000mm　1/16　字数/127千字　印张/12
版次/2016年4月第1版　印次/2021年5月第2次印刷　定价/39.80元

图书如有印装错误　请寄回印厂调换

授奖辞
Award-winning Remarks

在天体物理学领域做出的先驱性贡献，其中包括在探测宇宙中微子和发现宇宙 x 射线源方面的成就。

——诺贝尔奖委员会

目录 Contents

序言　天才也走坎坷路 / 001

第一章　坎坷的少年时代
　　1. 生命底色 / 002
　　2. 经常违反校规的孩子 / 010
　　3. 小儿麻痹症 / 018
　　4. 影响一生的礼物 / 024

第二章　差等生也有春天
　　1. 录取通知书 / 032
　　2. 身兼数职 / 036
　　3. 一定要考物理系 / 040

第三章　您好，东京大学
　　1. 恩师朝永十三郎 / 048
　　2. 周而复始的打工生涯 / 051
　　3. 物理成绩倒数第一 / 054
　　4. 汤川奖学金 / 057
　　5. "洛克先生" / 062

第四章　梦幻般的一年零八个月
　　1. 踏上美国土地 / 070

2. 枯燥并快乐着 / 072

3. 至今未被打破的世界纪录 / 075

第五章　自力更生

1. 芝加哥大学的橄榄枝 / 080

2. 结束单身生活 / 085

3. 项目负责人 / 088

4. 回归故土 / 092

第六章　积蓄力量

1. "也许它就是中微子" / 098

2. 寻找夸克 / 103

3. 神冈矿山 / 106

4. 新西伯利亚的诱惑 / 108

5. 欧洲巡回考察 / 114

第七章　从构想到现实

1. 神冈探测器的梦想 / 120

2. 国际竞争 / 123

3. 光电倍增管 / 127

4. 经费的苦恼 / 136

5. 来自十七万年前的伙伴 / 140

第八章　不停歇的追梦之旅

1. 禁口令 / 146

2. 不断更新的计划 / 147

3. 发挥余热 / 150

4. 超级神冈探测器 / 151

5. 等待十五年 / 153

6. 送给年轻人的话 / 159

7. 2001年在东京大学毕业典礼上的演讲 / 161

附 录

小柴昌俊生平 / 172

获奖时代背景 / 174

小柴昌俊年表 / 176

获奖当年世界大事记 / 179

序言

天才也走坎坷路

人们都喜欢读成功人物的传记故事，因为可以从中汲取养分。如果这位成功人士恰好是一位经历过磨难、遭受过冷眼、履历平平的人，则更会给读者一些力量，因为故事里会有这样一个信息：如果他都可以，说不定有一天我也行。

小柴昌俊就是这样一个样本。

小柴昌俊是谁？大多数人对他并不熟悉，但如果被问者是一位物理学界的人士，而他从来都没有听说过小柴昌俊的话，那不啻一位将军不知道格兰特、一位作家不知道托尔斯泰一样让人感到不可思议。

这位被称为"日本基本粒子物理学泰斗"的人，以神岗探测器的实验证明了自己的卓越地位。不仅在2002年为日本捧回了第十一座诺贝尔奖杯，还陆续获得了德国总统奖、欧洲物理学会特奖、日本仁科纪念奖、朝日奖、日本学士院奖、文化勋章、以色列沃尔夫奖等等。

当被问及成功的原因时，这位老人笑笑说：

"我既不是神童，也不是天才，小时候还非常淘气，家长通信簿的成绩栏上总是写着'丙'。就是放在今天看，我也不过是个普通的学生。如果非说有什么不同，我想就是不服输的性格吧。"

命运是个霸道的家伙，它总是将自己的意志强加给人们，又不允许他们退货。小柴昌俊童年时的梦想是当军人或音乐家，无奈，在中学时得了小儿麻痹症，造成右臂残疾。

在经历了短暂的绝望之后，小柴昌俊找到了新的人生目标。这个身患疾病的"差生"，并没有被命运打倒，而是重新站了起来，直面人生的风浪。在被束缚在病床上的时光里，他接触到了一本改变他一生命运的书籍——《物理学是怎样产生的?》。爱因斯坦的这本书开启了他内心深处的求知欲望和探索欲望，奏响了一位物理学家奋斗的序曲。

2002年，小柴昌俊和美国科学家雷蒙德·戴维斯、里卡尔多·贾科尼一起获得了诺贝尔物理学奖，理由是他们在天体物理学领域做出的先驱性贡献，其中包括在"探测宇宙中微子"和"发现宇宙x射线源"方面的成就。

瑞典皇家科学院称赞三名科学家为人类观测宇宙开启了两种新视野，为人类认识宇宙的方式做了升级。他们的重要发现使人类可以借助中微子和 x 射线这些宇宙中极其微小的物质，提高对太阳、恒星、星系和超新星等宇宙中巨大天体的认识。

小柴昌俊的主要成绩是在日本神岗地下实验室领导了"神岗"和"超级神岗"地下中微子实验，在观察超新星中微子、太阳中微子和大气中微子方面取得了重大突破，证明中微子有质量，并可以相互转换。

其实，我们对这些科学家的研究成果可能一窍不通，但是他们的成才之路，他们的人格魅力，往往能给予我们有益的启示。

调皮捣蛋没关系，身体残疾不重要，"倒数第一"也没有什么了不起，只要有梦想，有不竭的动力和热情，有坚定的意志，有创新的能力，就可以攀上一座科学高峰，引领人类文明，笑傲人生。

第一章　坎坷的少年时代

1. 生命底色

  调皮的孩子固然让人讨厌，却也有成才的机会。这其中的道理说来简单，无论在哪个领域打拼或钻研，如果只知道一味选择对前辈的经验与书上的理论言听计从，那么他则永远做不成行业里的佼佼者。所以，真正的能者要做到"不唯上，不唯书，只唯实"，更要独立思考、质疑、重建。

  以上这些观点，绝不是片面之词，为了论证以上观点，我们就要将目光聚焦到具体的人物身上。

  1999年的诺贝尔物理学奖得主、荷兰乌特勒支大学教授霍夫特博士的一番话值得人们深思。他认为：最聪明的优秀学生，不是那些对老师言听计从的学生，而是那些不那么听话的学生。

  他说："当一个学生在思想上不再追随他的导师而是有自己的看法时，那么就可能成为一个好学生。在科学的领域里，有时候一些正确的理论刚开始时并不为人们所承认，而且有可能被认为是错误的，科学史上相当多的例子说明了这一点。重要的不是怕错误，而是坚持做下去。"

  无独有偶，2002年诺贝尔物理学奖得主之一的小柴昌俊，之所以被深刻地记住并不仅仅是因为诺贝尔奖，还有他令人瞠目的经历。

小柴昌俊得奖后的感言更让人们感到惊讶，他说："我是以倒数第一的成绩毕业的，但东京大学却接受我当了讲师、教授，我非常感谢东大的知遇之恩。"

若不是真实地发生，根本不会有人相信，一个物理成绩倒数第一的人竟然会获得物理学诺贝尔奖的殊荣。

道理显而易见，好成绩只是一时的成功，坚定的信念、灵活的思考才会使人生前路更加光明。那么且让我们细细品味小柴昌俊是如何从平凡走向一条辉煌之路的。

让我们逆转时光机，将光阴的指针倒转回1926年9月19日。在日本本州岛港口一个叫作丰桥的城市，诞生了一个男婴，在医院里此起彼伏的哭声中，这个小生命看起来与其他的新生儿并没有什么不同。当时的人，谁也没有料想到，这个普通的婴儿，在日后竟然会成长为一位可能影响到世界科学发展史的物理天才。一个传奇已经缓缓拉开了序幕，一个崭新的小生命将一步步走向全世界人的目光中。

这个男婴正是日本东京大学国际基本粒子物理中心高级顾问和东京大学荣誉教授、神岗实验室资深学术顾问，也是2002年诺贝尔物理学奖获得者，小柴昌俊。

关于小昌柴俊，在世界诺贝尔物理学奖获得者的名单公布之后，为了满足人们对这位物理天才的深入了解，以及猎奇心理，他的生平便成为广大媒体争相追踪挖掘报道的热点话题，这位伟大的物理学家的过往历程也被媒体一点一滴地"爆料"出来，因此我们便常常听到来自各家媒体的类似声音，它们称：眼前这位世界诺贝尔物理学奖的获得者在小学时代和中学时期是一个相当调皮的"差等生"。

在校就读期间，小柴昌俊的物理课理论考试成绩并不出众，相反，在违反学校校规校训方面他倒是十分内行，甚至可以说，捣乱和破坏这一类的行为，对于小柴昌俊而言简直就是家常便饭。为此，他的老师们也都很头疼，这个调皮的孩子，老师们也拿他没办法……

在接受采访的时候，小柴昌俊更是自嘲地说："我从来都不是一个好学生。"

尽管我们都已知道，现在的媒体总是习惯性地用那些极度夸张的手法去大肆渲染某个伟大的、优秀的人物近乎不堪的成长历程，为的就是以此来反衬出今天这个人们争相吹捧和膜拜的成功人士如今的成就，吊足人们的胃口，抓住读者和观众的眼球，以此来达到自己的经济目的。抑或是用这个办法塑造一个奇才的形象，使得人们瞠目结舌，啧啧称赞。但笔者想说的是，我们一步步地追溯小柴昌俊的人生历程，为的不是引发噱头、哗众取宠，而是在剥落了这个物理界巨子的那些层层华光后，展示给人们一个成功的科学家、物理学者更加真实的一面，挖掘生命深层的力量。

生命是一场漫长的旅行，而家庭则是生命初见的风景。可以说，小柴昌俊生命之初景色，是带有一些灰色的。小柴昌俊的父亲小柴俊男，是旧日本帝国的陆军大佐。他具有旧日本帝国时期典型的军人性格——性格乖戾、脾气暴躁，动不动就大吼大叫，大动肝火，有时候甚至还会动手打人。孩子们都十分害怕这位严厉的陆军大佐父亲，因此也就从来都不敢像其他同龄的孩子那样去和自己的父亲亲近调皮，感受那份敦实而厚重的父爱。

小柴昌俊深深地记得，在他两岁左右，一次吃早饭时，不小心弄洒了酱汤，小柴昌俊恐惧万分，便藏进了桌子和墙壁中间的缝里，他幼稚地以为这样便可以逃脱斥责。父亲见此情景勃然大怒，对小柴昌俊厉声吼道："武士的儿子藏起来成何体统！"说着便要动手打人，小柴昌俊恐惧极了，他看到了父亲眼中燃烧的火红的愤怒。他以为一场"劫难"马上就要降临，还好，母亲拼命保护，他才免除了皮肉之苦。可是，这却使小柴昌俊对父亲的恐惧加深了。

对于这位脾气暴躁的父亲，小柴昌俊向来只能远望，不曾与父亲有半分亲近。不久之后，父亲走了，连望都望不到了。

在战争期间，小柴昌俊的父亲小柴俊男，因为必须要履行作为一个合格军人应尽的本分和义务，不得不远离自己的家庭，带领士兵们常年驻扎在军营里。这一情况对一向都畏惧小柴俊男的孩子们来说，反而是值得庆幸的一件事，可以说小柴俊男常年在外驻扎，让他的孩子们都松了一口气。但凡事都有利有弊，小柴俊男常年在外，虽然使得作为儿子的小柴昌俊可以不再受父亲坏脾气的"洗礼"，免遭皮肉之苦，却也使他开始了经历父爱缺失的痛苦历程。

小柴昌俊的母亲去世得比较早，在小柴昌俊年仅三岁的时候，她就因病离开了人世。小柴昌俊和姐姐礼子没了依靠。苦难让人尝尽辛酸，更能让人快速成长。

在这样的家庭境况之下，小柴昌俊变得更加独立和坚强。

在小柴昌俊懵懵懂懂的记忆中，自己母亲的音容笑貌模糊不清，虽然，和生母没有太多相处的记忆，可能失去母爱对他来说并没有太大的影响，但是骨肉相连，他的心底还是对母亲潜藏着深爱。

在他慢慢长大成人以后，亲生母亲的形象，大多都是小柴昌俊凭借着自己独特的感觉去幻想出来的。另外一小部分，也是从他唯一的姐姐嘴里得知的。那种孤独并且渴望母爱的感觉是拥有幸福家庭的人们所无法理解的。

由于很小就失去了母亲，小柴昌俊对母亲的渴望是在他潜意识里永远也无法掩饰的事实。他曾无数次在梦中哭喊、呼唤，叫自己的母亲不要离开自己，他哭着说："亲爱的妈妈，儿子需要你，儿子要你陪我成长，看我长大……妈妈！"梦里的小柴昌俊使出了浑身力气，拼命地抓住母亲纤细柔软的手，他是想留下正要转身离开自己的亲生母亲……小柴昌俊死死地抓着妈妈，无论怎样都不肯放手……梦中的小柴昌俊以为自己能够努力挽留住母亲，可谁知梦醒之后，他抓到的只是一个个空空如也的梦境，孤独而凄凉。

在小柴昌俊的母亲去世后不久，为了给孩子们一个完整的家、一份完整的爱，父亲小柴俊男很快便给小柴昌俊姐弟俩娶回来一位继母，这样在小柴俊男自己不在家的日子里，这个女人便可以代替早早过世的结发妻子来照顾两个孩子。这从任何方面来看，都是一个非常不错的主意，可是，对于孩子来说，却并不容易接受。

毫无疑问，从一开始，小柴昌俊便对继母有着很深的抵触情绪。可是在抵触的同时，小柴昌俊心底那份对母爱的渴望也真实而强烈，也让他充满了挣扎。抗拒和渴望在心的两端拉扯着小柴昌俊，使他尝尽了痛苦的滋味。

好在小柴昌俊的继母是个温柔贤惠的好女人。尽管不是自己的亲生儿女，甚至明明知道两个年纪尚小的孩子仍旧视自己为"不速之客"，并会趁小柴俊男不在家的时候公然挑衅，公开表示显而易见的敌意。可是，这个善良的女人却出于对自己丈夫小柴俊男的敬畏和爱意，对小柴昌俊姐弟俩已亡故母亲的尊重，还有对两个孩子的慈悲怜悯之情，毅然忍受着做继母的压力，对丈夫小柴俊男的两个孩子视如己出。

"精诚所至，金石为开"。渐渐地，这位善良的妈妈通过自己的努力使小柴昌俊姐弟两人接受了自己。正是因为这份宽容的接纳，也使得小柴昌俊的人生有幸获得了一份难得而珍贵的母爱。

幸福有时正是如此简单，宽容了别人，也正是成全了自己。

再后来，父亲小柴俊男又和这位新妈妈生了两个可爱的男孩子，小柴昌俊就先后有了两个同父异母的弟弟。在这样一个后组建的复杂家庭里，小柴昌俊姐弟四人关系非常融洽。彼此之间不存在丝毫的猜忌和嫌隙，没有不愉快和争执，更不存在父亲母亲对谁的子女有什么偏袒和偏爱之说。单纯的心，收获了单纯而巨大的快乐。

小柴昌俊姐弟四人，互敬互爱、彼此帮助，共同度过了一个单纯快乐、无忧无虑的美好童年。

生活中有苦有乐，虽然简单却也踏实，小柴昌俊并没有被生活苦难锁住微笑。他快乐地成长，一步步地踏向他独一无二的命运之旅。

小时候，小柴昌俊是个调皮的孩子，是个小"机灵鬼"，经常会自己琢磨出一些稀奇古怪的想法。在同龄的小朋友们眼中，小柴昌俊的小脑袋瓜里似乎满是天马行空的想象，甚至有时候大家都很难跟上他的节拍，正因为这样，小柴昌俊也常会让他周围的人感觉十分无奈。

面对小柴昌俊冒出的奇奇怪怪的想法，大家也只能无可奈何地摇摇头，看着这个活泼的小孩子耍聪明……不过即便是这样，小柴昌俊也还是有自己的小"粉丝团"，比如他的这些姐弟们，他们倒是对他的各种怪想法和鬼主意很"感冒"。因此，他的姐弟们格外地尊重他，他在孩子们中的地位是相当高的。

著名的心理学家荣格曾经说过这样一句话："这世上若是没有了胡思乱想，也就没有了创造性的成就出现。"

也许这些平日里的奇思妙想、古灵精怪，正是小柴昌俊后来取得非凡成就的一个至关重要的因素吧！他不循规蹈矩，他的思想才不受到条条框框的束缚和限制，也就有了他发挥自己创造力和想象力去探索的空间，到最后成就了非凡的业绩和举世瞩目的成就。

不仅仅是小柴昌俊这样伟大的物理学家、严谨的科学研究者需要奇思妙想。创造力是我们每一个人都应该具有的一种优秀品质。生活里所有的平庸和颓唐并不是生活本身所造成的，而是由人的思维决定的。我们有理由相信，只有敢想敢做，才能够体会到更多人生中意想不到的精彩。

可以说，任何东西一旦它的种子在合适的、肥沃的土壤里发了芽，什么都很难再阻止它朝着光明的方向不断地成长。像小柴昌俊这样一个倔强不屈的根更是如此，他对物理的爱好、对科学的严谨治学，已经渐渐地在属于他、适合他的土地上悄然滋生，并且顽强生长。

2. 经常违反校规的孩子

小柴昌俊上学之后，常常会有意无意地违反学校里的明文规定，惹下一些小麻烦。小柴昌俊后来在自传里表明，自己在学生时代确实很调皮，不论别人怎么说，对于小柴昌俊来说，那并没有什么特别的，只不过是他记忆中的一片美好风景。

小柴昌俊声称，自己之所以要澄清，是因为不想让媒体过分地夸张渲染一些不符合实际的东西而误导那些晚辈们，以至于产生不好的影响。那样也许会助长一些错误的教育思想，这是他最怕的，而对他自己的名声倒不那么在乎，他并不觉得那些事情会为自己抹黑。

在小柴昌俊读小学一年级的时候，他就做过一件让所有同龄孩子瞠目结舌的事情，那就是拿石块打碎政府办公室玻璃的"伟大事迹"。

政府办公室对于孩子们来说应该是让人敬畏的地方，可是小柴昌俊竟然敢拿起石块向它攻击，这的确足够"勇敢"。然而更令人难以想象的是他做这件事的理由，他说："我看到那些玻璃过于规范地立在那里，不知怎么就和朋友半开玩笑地瞄准了它们。"他不是为自己找借口，这是他最真实的想法，他从来都不害怕把自己的想法公之于众。但每当他脱口而出的时候，常会引来惊讶的目光。这就是小柴昌俊，一个忠诚于自我的人，一个真实坦白的人。

像小柴昌俊这样，初生牛犊不怕虎，动手击碎政府办公室的玻璃，意义在于敢于尝试去"打破规范"，也不见得是一件情节有多恶劣的事情。

不管怎么说，对于小柴昌俊那样七八岁的小男孩来讲，惹点儿祸、撒点儿野也，都算是成长中的必经阶段。在经历过以后他才会渐渐地懂事，尝试了不该做的，才会明白哪些是应该去做的。

每个人的童年或多或少都会有那么点小叛逆。尽管那些荒唐的闹剧在现在看来有点儿幼稚，但那些往事却是在记忆里烙得最深的回忆。无论这些记忆是好是坏，它始终都是我们对曾经的怀念。

对于小柴昌俊这种顽皮的小孩子，那些每天在学校里负责传道、授业、解惑的老师们必然反感极了。他们擅长的是"比较"。对比之下差距也就显现出来，好与坏之间，几乎所有人都会自然而然地去选择哪个好，然而却极少有人去质疑好与坏的标准是否妥当。

无一例外，在老师们的观念里，与小柴昌俊这样调皮顽劣的学生比起来，他们显然更喜欢循规蹈矩成绩优异的"好学生"，这一点是这个社会上老师们普遍的共同爱好，我们也无从指责。并且，当我们设身处地去感受这个职业的时候，我们在很大程度上也会喜欢乖巧听话的学生，这是老师们普遍的思维定式。也许，直到这种思维逆转那一天，教育才会活起来。

在这个世界上，无论做任何事情都要付出一定的代价，小柴昌俊也不例外，他很快就尝到了调皮的代价。因为砸碎政府玻璃，在小柴昌俊的家长联络簿上面，便赫然出现了一个刺眼的"丙"字，它被写在家长联络簿的日常表现"操行"栏下面，这就像是一个抹不去的污点，牢牢地印在了小柴昌俊的成长记录里。正是这个刺眼的"丙"字，在小柴昌俊成名之后成了另外一种标识，是它颠覆了平日里人们对"天才"这一概念的定义。

人们往往喜欢那些反差强烈的故事，戏剧性更强、更有张力、更富有可读性。不过，作为当事人的小柴昌俊，并不喜欢提起这件对他而言不光彩的事情，他总觉得那样的事情其实是很丢人的。因为毕竟自己在学校的其他功课即便不优秀也还算过得去，仅仅因为这个"丙"，就更改了他身上的标签。这个事件也一度在小柴昌俊幼小的心灵里留下了个难以解开的小疙瘩。

小疙瘩是有，但却并非阴影。当时的他也只不过是个孩子，而每个孩子都有共同的天性，那就是快乐地成长，小柴昌俊也不例外。

时光荏苒，岁月如梭。小柴昌俊那些伴随着快乐、烦恼、喜悦和忧愁交织的童年小插曲，编织出了小柴昌俊这条完全属于他自己的成长之路。

小柴昌俊在快乐地成长着,一眨眼就到了上中学的年纪,他的父亲小柴俊男也因为工作的关系来到了中国的东北,把全家人都接到了中国的东北一起生活,除了我们的主人公——小柴昌俊。

在情感上,小柴昌俊最开始着实有些难以接受,因为这时的他还只是一个孩子,他需要关爱和照顾,他习惯了家中温馨的气氛。

忽然之间,家人远走,他便只能孤独地留在这里接受父亲安排给他的生活。

命运如此安排,小柴昌俊唯一可选择的便是接受命运了,但他终究还是个善解人意的孩子,他理解父亲小柴俊男这样做的初衷,父亲是希望自己能够成才,证明虎父无犬子。也正是因此,小柴俊男要求儿子小柴昌俊独自一人留在日本,继续上学,争取在中学毕业后报考到日本帝国的陆军学校,这也就算是子承父业了吧。

万般无奈之下,小柴昌俊只好听从父亲的安排,孤身一人留在了横须贺,就读于横须贺中学,并且借住在舅舅家中。岁月匆匆而过,小柴昌俊唱着青春的歌,踏过一片寂寞。这时小柴昌俊已经长成一个大孩子了。可是,尽管上中学了,小柴昌俊还是将"违反学校规章"的习惯自然而然地保留了下来,顽劣好动的性格,自然忍受不了学校那些严格的规章制度。

小柴昌俊对此的看法却是,类似于违反校规校纪这样的事情,只不过是学校里一个常见的现象。对此,他仍然用狡辩的语气在自传里写道:"在横须贺中学,我的确也做过违反校规的事情,但这么做的人绝对不只我一个。"

小柴昌俊的骨子里流动着不安分的血液,这是任何环境都无法改变和消磨的。正因如此,在后来的物理实验中,他才能够一次次打破传统的限制,取得惊人的成绩。

在当时的日本,学生们的娱乐活动还很单一,所谓的校规校纪,也只是根据学生们当时的一些个别行为临时制定出来的,诸如禁止攀爬学校的后山,或是不准破坏、践踏学校周围的农作物,还有就是不许调皮捣蛋、愚弄老师和同学,诸如此类等等。

尽管校规并不烦琐,但是对于正处于叛逆期的小柴昌俊来说,仍然不时去破坏它,以此来满足自己的恶作剧心理。

这个年纪的孩子和小时候相比会更加大胆。淘气是他们的天性,是不可避免,却并不会做出什么顽劣的事情。也正因为这种调皮,才丰富了他们童年的记忆。小柴昌俊在自传里说道:"在横须贺中学,从来都没有违反过学校规章制度的学生,可谓是少之又少。"

一群快乐的孩子,结成伴,一起蹚过天真。他们喜欢去爬山,任何疲劳也阻挡不了他们向上攀爬的劲头,疯狂地嬉笑玩乐后,所有人都会带着一身的"证据"回到学校里来。所谓的"证据",就是他们那一双双脏兮兮的小手,还有脏得看不清表情的脸蛋以及一身尚且湿润的新鲜泥土。那些狼狈的"证据"都是爬山时不小心摔倒和磕碰留下的杰作，有时则是因为同学朋友相互之间的玩耍打闹厮混造成了这样的场面……无论怎样，即使最后因此受到了处罚，他们心中依旧是满载着快乐。

时光一去不复返，往事也只能回味。

那样的快乐，是如今很多传统的严苛教育下的孩子都无法得到的，也更是一些人只能在回忆里品味的。

他们身上黏着的泥土中分明沁透了快乐和青春的味道。小柴昌俊也在这样新鲜的泥土芬芳中成长，在青春的放纵与叛逆里，与同龄人一起感受着青春和阳光的温暖；感受着成长力量；感受着慈悲上苍赐予人们这些生命里最单纯、最美好的快乐时光。无论他们今后各自走怎样的人生之路，都不会忘记那时那刻。

"一个人在幼年时通过接触大自然，萌生出最初的、天真的探究兴趣和欲望，这是非常重要的科学启蒙教育，是通往一代科学巨匠的路。"这句话是另一位诺贝尔奖获得者说过的，放在小柴昌俊的身上倒也非常合适。

如果说小柴昌俊平日里爬爬山，也还算无伤大雅的小活动，那么，破坏农作物就应该算是做坏事了。

农民们辛辛苦苦地耕作，创造出的劳动成果岂能就这样轻易地被这群叛逆的孩子们毁掉？尽管正处于青春期的中学生小柴昌俊依旧改不掉儿时顽劣的毛病，但是天性善良的他，却也还是有这份做人最基本的道德操守的。所以，小柴昌俊玩耍的时候，也就只是喜欢拔一种田里的草，把拔这种草当成平日里大家的游戏，以此来消遣，打发时光。

在当时的年代，聪明的孩子们在拔草中也一样能找到欢乐。那种草很难连根拔起来，要想很好地将草从泥土里拔出来，是需要掌握好拔草时的那种力道的，既不能用力过猛，也不能有气无力。它的根可以嚼，这也算是一种意外收获。正因为如此，小柴昌俊后来练出了一身娴熟的技巧，毫不费力地、轻松地拔出形状完整的草根后，不用洗就可以放进嘴里嚼着吃掉。欲望越浅，就越是容易满足，仅仅是成功地拔起一根草，小柴昌俊那脏兮兮满是泥土的小脸上也就乐开了花，就好像得到了人间无比珍贵的珍馐美食。

童年的快乐就是那样轻松简单而容易得到，童年也因为这样的快乐心情而总是让人难以忘怀。那是我们任何人都曾拥有过的，却再也换不回、买不到的，是生命里最美好、最珍贵的"奢侈品"。

年少时光本就该如此纯真快乐，小柴昌俊就这样度过了中学时代。尽管小柴昌俊总是破坏学校的种种规章制度，可他并不是一个只知道贪玩的坏学生。他虽然有自己的个性，但并不是彻头彻尾的叛逆小子，他并没有忘记举家迁往中国东北却唯独把他留在横须贺中学继续念书的原因，他懂得父亲的良苦用心。

光阴的脚步匆匆，带走了纯真，也带来了成长。随着年龄的增长，小柴昌俊也渐渐地成熟懂事了不少，他不愿再像以前一样，去跟父亲那些几乎是命令式的规劝唱反调。虽然他自己也想过，按部就班的生活或许不适合自己如此张扬不羁的活泼个性，父亲小柴俊男那些所谓的"精英培养"理论，也让平日里随性、贪玩成为习惯的他觉得有些吃力。可是，他仍依照父亲的期待，从中学一年级就开始准备参加陆军学校的考试了……

小柴昌俊曾不止一次地想，或许延续父亲的梦想成为一名军官就是他今生无法更改的宿命了，这让他纠结又矛盾，一方面他应该遵从，一方面又想要挣脱，渴望追寻自己的世界。

小柴昌俊有时候会忧伤地望着日落的方向，沉默着思考：也许这就是自己的命运，就像视线里这个缓缓消失的落日一样，这样的顺理成章、这样无可更改……

小柴昌俊突然很想索性接受父亲替他规划好的这一切。这样不仅合了父亲的心意，也可以让自己少些困惑，一举两得，大家都落得清静，何乐而不为呢？

然而，让小柴昌俊万万没有想到的是，一个意外的到来，在突然之间使他的命运转舵。

金秋十月，太平洋的海风让人们微微感觉到了些许的凉意。生活的本质是反复的、变幻无常的，人们永远也无法知道下一刻要发生什么，并且永远也无法预知命运的安排。

一场变故让小柴昌俊的命运陡然改变，改变了小柴昌俊报考军校继而从军这条看似最合情合理的人生路线。

小柴昌俊忽然病倒了，这一场大病改变了他原本只能被动接受的军旅人生。一切都被刷新，一切都将重新开始，而这巨大的意外之后，究竟是坠入绝望的深渊，还是一个崭新的开始？

3. 小儿麻痹症

灾难是突然降临到小柴昌俊头上的，似乎没有一点儿预兆，也没有循序渐进的发展过程，这让小柴昌俊猝不及防。

那天早上，小柴昌俊一如往常地缓缓睁开双眼，迎接眼前这被温暖阳光所照亮的真实美好的现实世界。只不过一如往常般充满生机的早晨似乎又有点儿不同。

小柴昌俊隐隐地感觉到自己身体不同往日，那时他已经完全从睡梦中醒来，他知道自己的头脑到底有多清醒。可是，他却感觉全身的每一块肌肉和关节都动不了，就像是被传说中的高人施展了专门定住人身体的法术一样，无论他怎样挣扎，就是动弹不得。

小柴昌俊想，或许是自己还没有完全睡醒，处于一种睡眠中的僵硬状态，那就再稍微地休息一会儿吧，最近实在是太累了。

过了半晌，等小柴昌俊真正意识到自己完全不是在梦里，而是实实在在地醒着，并且意识到自己的大脑已经处于非常清醒的状态时，他开始感到害怕，还有种莫名的紧张感。他再次努力地尝试活动自己僵硬的身体，但仍然没有知觉。这下子，小柴昌俊的心彻底慌了起来。他连忙大声喊来了正在忙碌的家人，他焦急地将突然发现的身体状况告诉了他们。

他的家人们仔细地询问小柴昌俊，问他是否感觉到过身体上的异样。小柴昌俊仔细地回想，仍旧觉得没有任何征兆，他昨天只是如往常一般安静地入睡，唯一觉得不舒服的地方只是昨晚的睡眠质量较平时差了些，夜晚的时候还多少有点儿冒虚汗，除此之外，就再也没有其他异于平常的地方……

无奈而焦急的家人只好急匆匆地将小柴昌俊送到了当地的一家医院就诊。当深爱着小柴昌俊的亲人们从医生的嘴里听到"小儿麻痹症"这个词的时候，犹如晴天霹雳。

此时小柴昌俊正值青春年华，他也无法接受这个残酷的现实，他觉得自己的世界里那片一直以来都晴朗的天空，"轰隆"一声，倾塌了。

从医学上讲，小儿麻痹症是一种传染性很强的接触性传染病，是由脊髓灰质炎病毒引起的一种急性传染病。临床表现主要有发热、咽痛和肢体疼痛，部分病人可发生弛缓性麻痹。流行时以隐匿感染和无瘫痪病例为多，儿童发病较成人要高，普种疫苗前尤以婴幼儿患病为多，故又称小儿麻痹症。

不知道是小柴昌俊在田间嬉戏的时候受到了传染，还是在不知不觉中患上了这个病。在当时的日本，小儿麻痹症还是一种不治之症，没有什么治疗的手段和方法能够使之痊愈并根除。不仅如此，那时的日本，甚至连防范意识也没有形成。小柴昌俊只能接受谁都无法抵抗的命运。

收到小儿麻痹症这张"不治之症"的宣判书，小柴昌俊心如死灰。他知道，自己无忧无虑的人生至此就画上了休止符，未来会有怎样的命运，小柴昌俊也不得而知，也不敢去想。

为小柴昌俊治疗的医生一边叮嘱了他一些平日里的注意事项，一边安慰性地给他做了做按摩，小柴昌俊就在家人的帮助下，黯然回到了家中。

如今的状况已经足够糟糕了，可祸不单行，厄运并没有因为小柴昌俊患了小儿麻痹症就放过可怜的少年。

从医院回到家里后不久，小柴昌俊又患上了一种叫作白喉的疾病。白喉是由白喉棒状杆菌引起的急性呼吸道传染病，属于乙类传染病，主要通过呼吸道飞沫或与感染病人接触传播。于是，小柴昌俊在短短的时间里，再一次住进了冰冷的医院。

躺在横须贺市立医院的病房里，小柴昌俊彻底地绝望了，他觉得自己的人生已经没有了渴望梦想的权利，他曾希冀过的所有梦想都被残酷的现实打破了。在强大的灾难面前，人类是那样渺小，命运的一转身就足以让一个满怀梦想的人瞬间溃不成军。

患了小儿麻痹症，就注定让小柴昌俊断了军官路，可是当不成军人也罢，在小柴昌俊曾经的梦想里，他还痴迷于古典音乐，因为患了白喉病的缘故，小柴昌俊音乐家的梦想同样破碎了。这些灾难性的打击，让小柴昌俊有种灵魂即将消亡的感觉。

小柴昌俊最喜欢的曲子是苏联作曲家柴可夫斯基那首著名的《天鹅湖》，平时他总是把自己的零用钱一点一点地积攒起来，去买《天鹅湖》的唱片还有卡带。每一次，当小柴昌俊忘我地陶醉于"天鹅湖"优美的旋律时，他都会想：什么时候我也能写出如此美妙的音乐就好了。沉浸和陶醉是一种十分美好的感觉，一个人有所向往的时候总是幸福的。

捧着唱片，他畅想着自己有一天也能够谱出这样优美的乐曲来。

小柴昌俊还特地为自己这个充满激情的梦想小小地规划了一番，他考虑学一种乐器，小提琴、大提琴、钢琴……他都逐一地设想过，甚至是管乐也可以，只要能徜徉在音乐的海洋里就好。单纯而美好的梦想，却破灭在悲伤的现实前。

自从染上恶疾的那一刻起，那样的场景就只能出现在梦里了，任凭他哭喊和咆哮都无可挽回。梦就在他的眼前死去。这原本就不是一个孩子应该承受的。

就像爱默生说的那样："当一个人年轻时，谁没有空想过？谁没有幻想过？想入非非是青春的标志。但是，人总归是要长大的。天地如此广阔，世界如此美好，等待你们的不仅仅需要一对幻想的翅膀，更需要一双踏踏实实的脚。"只不过，小柴昌俊在他还没有将这些美丽的梦付诸实施的时候,这个梦便被命运狠狠地击碎了,没有梦想的世界是残缺而悲伤的。

每个人年少时都是如此,为自己激情澎湃的梦想,我们都拿出自己的积蓄,描摹我们梦想的轮廓,并常常附之憧憬。

后来,梦是怎样破灭的?多少青春翱翔的梦被时光消磨,被现实打败。可是小柴昌俊,他的梦想是在那个爱做梦的年纪被病魔击碎的。对比之下,实在残忍。

在今天,白喉并不是一个疑难杂症,它不仅容易治愈,也不一定会影响正常的工作和学习。但在当时,白喉病确实是一种非常可怕的病症。

小柴昌俊在这样的状况下又如何能不灰心?所以在很长一段时间里,小柴昌俊都悲观地觉得自己失去了生存的意义和活着的目标,因为他心中那些曾以为坚定的理想已经一个接着一个破灭了。

开始的颓丧和哭喊都是因为对未来还有希望,还有不甘。而后来,小柴昌俊便平静了,他的脸上多了些寂寞的神色,再难欢快,他的眼神中有一种绝望的忧伤。

在小柴昌俊住院的很长一段时间里,他最不习惯的就是病房里那可怕的寂静。在重症病房里,安静是一种要求,没人可以违反。

那寂静让小柴昌俊直发狂,让他会不自觉地胡思乱想,有时候,他有种想要放弃生命的念头,寂静会滋生阴暗的魔鬼,啃噬人的意志。

为了打发无聊，小柴昌俊开始用读书打发时光和排遣病房的寂寞。

最开始，小柴昌俊只是让家人带书过来随便看看，内容都无所谓，只要是有字的就可以。他只是想用这种方式消耗那些百无聊赖的精力，顺便分散一下自己的悲观情绪而已。当灵魂接近干涸，便难以再对任何事物提起兴致了，也就是这样，他勉强混过了一段日子。

任何事情都不会直线发展下去，总会出现一些小波折、小插曲，改变未来的人生轨迹，引着人走向一个不平凡的人生。

有一天，小柴昌俊的老师金子英夫前来看望他，得知他在重症病房里的生活习惯，也顺便为小柴昌俊带来了一份小小的礼物。就是这个不起眼的小礼物，被人们认定为改变小柴昌俊一生的重要节点，也是他接触物理学，进而获得诺贝尔物理学奖的一个关键。

所谓的机缘巧合，往往都是人们在回首往事的时候，逆着时间的轨迹去总结出来的。这种推论究竟有没有道理，人生到底是像链条一样环环相扣，还是处处充满了碎片和偶然，我们不得而知。但起码在一个男孩最失意的时光里，他因为一件礼物而获得了安慰，这总算是好的。

金子英夫是小柴昌俊的数学老师，他年纪很轻，刚刚大学毕业没多久，所以跟孩子们的心很贴近。金子英夫对每个学生都很好，总是眯着眼睛，亲和地面对学生。小柴昌俊觉得，金子老师对他格外好，因此，他也更喜欢听数学课，是爱屋及乌，还是天性里就喜欢，他也搞不太清楚。

其实这个道理很简单，当我们喜欢一个老师的时候，总会觉得他对自己格外好。你越是喜欢老师，老师也会越重视你，这是一种潜意识的影响力，一种积极的情感沟通，它神奇又真实。那种亲切的感觉，多年之后依然温暖着小柴昌俊的心房。

4. 影响一生的礼物

罗曼·罗兰说过，"凡是挣扎过来的人都是真金不怕火炼的；任何幻灭都不能动摇他们的信仰。因为他们一开始就知道信仰之路和幸福之路全然不同，而他们是不能选择的，只有往这条路走，别的都是死路。这样的自信不是一朝一夕所能养成的。你绝不能以此期待那些十五岁左右的孩子。在得到这个信念之前，先得受尽悲痛，流尽眼泪。可是这样是好的，应该要这样。"这句话用在此时的小柴昌俊身上就很合适。

人生目标在眼前被击碎，意识无力支撑身体，身心的痛苦在交叠，这是健康的人无法感同身受的，小柴昌俊饱尝痛苦。这也许正是他一生之中最为痛苦的时期，不过幸好有金子老师。

金子老师是一个非常有爱心的老师，在得知自己的学生遭受了如此巨大的人生打击时，金子老师感到很心痛，他能够理解一个少年在这样的厄运之下，是怎样的绝望。作为老师，金子英夫认为自己有责任和义务去帮助学生重建对生活的信心。

他带上礼物去看望小柴昌俊，或许他的初衷很简单，他希望只能用读书来消遣时光的小柴昌俊能够接触些不一样的领域，感受到生命的多样化；他希望学生不再意志消沉，能够鼓起战胜困难的勇气。总之，当小柴昌俊接过两卷厚厚的图书时，他不知道自己的人生从此迎来了新的生机。

如果命运的摄影师此时将镜头拉近，人们会清楚地看见那本书的名字——《物理学是怎样产生的？》，书名的下方赫然印着几个烫金的大字，也就是该书的作者——阿尔伯特·爱因斯坦。

金子老师本来是教数学的，为什么他会带给小柴昌俊一本物理书？这让小柴昌俊百思不得其解。也许，这就是命运吧！命运正在为一个伟大的物理学家精心谋划一条不平常之路。后来，媒体也将这件事归为他走向物理之路的原因。事实上，这其中并没有必然联系。

但不得不说的是，出院后，小柴昌俊与金子老师的交往，对小柴昌俊今后的发展产生了巨大的影响。

拿到金子老师赠送的书，小柴昌俊高兴极了，高兴的原因并不是书的本身多么的吸引人，而是小柴昌俊感受到了老师的关心和在乎。在他最为脆弱的时候，这种关爱正是他所需要的。出于对老师的爱和感恩，小柴昌俊非常认真地阅读起来。书籍也打开了他的眼界，给了他许多意外的收获。

这是一本针对普通读者的科普书籍，书中既讲到狭义相对论，又说到了广义相对论，但对于一名普通的中学一年级学生来说，里面的内容还是很难理解的，看上去也着实有些枯燥。书是自己喜爱的老师送的，因此他还是认真地阅读，在字里行间，他汲取着老师给予的关心与爱护。

渐渐地，小柴昌俊在阅读中找到了一些乐趣，"重力质量和惯性质量是相同的。"当他看到这部分内容的时候，他恍然大悟，"原来物理学讲的就是这些内容啊。"这也是他对物理形成最初的认识和印象。

尽管当时感觉非常兴奋，但也并不足以产生他以后就要走研究物理这条路的想法。暂且就把它当作命运对小柴昌俊的昭示吧。

因为住院没能参加考试，考陆军学校的念头也彻底打消了。一条原本已经认为必定要走的路就这样被切断，他萌生了一种慨叹，这或许就是命运吧！这一切都太突然了，对于一个中学生来说也过于沉重。小小年纪，小柴昌俊的心中就染上了沉重的挫折感。

金子老师的关爱为小柴昌俊那个低落时期涌上一抹暖色。他让小柴昌俊铭记于心，感动久久挥之不去，足足温暖了小柴昌俊的整个人生。

小柴昌俊最终战胜病魔并返回家中已经是两个月之后了，但是他的手脚活动还是很不方便，这样的情况实在令人头疼。

有些东西，当习惯了拥有的时候，它也就成了生命中的一部分，并且完全感受不到它的存在，而一旦失去，就会感受到难以承受的痛。

这样的东西很多，譬如亲情、友谊、爱情、健康！此时的小柴昌俊正忍受着健康残缺的疼痛，也承受着信心被蚕食的折磨。此后的每一步路程，他都将格外艰辛。

小柴昌俊的家距离横须贺中学足足有四公里远。在出事之前，小柴昌俊一直都是乘坐公共汽车上学，但自从病愈出院之后，乘坐公共汽车这样简单的小事情也很费力了。一个人登上汽车的台阶十分费力，并且还会耽误其他乘客的时间，大多数时候都需要其他乘客的帮助，这种感觉十分糟糕，他常常因此而自责。自责是因为他觉得自己不但不能给别人带来帮助，很多时候还会成为别人的累赘。这也是很多残疾人并不希望被予以特殊对待的原因。怜悯的目光会让小柴昌俊感到羞愧。

小柴昌俊的倔强得到一些人的同情，但也有很多人不理解，有时候心灵上的煎熬远比身体的痛苦更加难以承受。为了不给他人带来麻烦，小柴昌俊决定步行上学。于是，这段从前再简单不过的路现如今变得艰辛起来，不过这却是他更愿意去承受的。

很多时候，人们并不自知，能够作为一个普通人走路、呼吸、感受色彩和温暖……这些我们早已经习惯的事情，其实满满的都是幸福。而人们在习惯了幸福的时候，却也渐渐地忘记了幸福的滋味。如此看来，比起那些因残疾而坚强生活的人，有时正常人更是可悲的愚人。

从前一段普通的路现在需要多花十几倍的时间走完它，从前健步如飞今天却是步履蹒跚。这种巨大的转变极其痛苦，小柴昌俊却不得不去接受。

为了加快速度他不得不费力地大幅度摆动手臂，而手臂也不很灵活，走路的时候像一个婴儿般摇摇晃晃。途中不时迎来路人各种奇怪的眼光，虽然滋味也不好受，但是总要比乘坐公交车给别人带来麻烦的好。在他看来，碍眼总好过于碍事。没错，他就是这样一个倔强而要强的家伙。

有一次，在上学的路上要迈上一条又窄又高的小路时，小柴昌俊失去了平衡，像不倒翁一样栽了一个大跟头。可悲的是，在他摔倒后却不能像不倒翁那样重新站起来，一番挣扎后依旧没有任何起色，他就那样栽倒在那里，急得满头大汗。到后来，他索性停止了挣扎，仰着头，看着天空流动的云，绝望地想：真的就没有什么办法了吗？起也起不来，倒也倒不下，只能眼睁睁地等着时间一分一秒地过去。每一秒钟里，绝望和痛苦都如洪水猛兽般向他侵袭而来。

甚至有一瞬间他燃起了轻生的念头，他觉得自己仅仅是活着都已经是一种负担，生命还有什么意义呢？

"挺过最痛苦的就好了。"他鼓舞自己。咬咬牙，他又开始继续挣扎，后来，一个路过的中年男人扶起了他。起来之后，他长长地松了一口气，继续赶路，他感到能够前进还是好的。或许是因为他的乐观，命运也开始羞怯地向他低头了，从那以后，他再也没有遇到过比这更加悲惨的事情。

黎明之前特别黑暗，成功之前格外艰难。人在成长的过程中，只要在遇到危机时再坚持一下，挺过最难熬的一段，那么紧接着可能就是机遇的光顾，奇迹的出现。

小柴昌俊并没有被病魔打倒，在品尝到了绝望谷底的痛楚后，他的心中蕴藏着神一样的乐观精神也被激发起来，重新苏醒。他将这艰辛的路途当作是一种康复训练，他所看到的，不是更劳累崎岖的路，而是更加健康美好的自己。正是这样乐观的精神，支撑着他后来的辉煌人生。

小柴昌俊日复一日、年复一年地走着，步行成了他钟爱的交通方式，并且困难越来越少，病情日渐恢复。他的脚和左臂在一段时间后恢复了正常，但稍有遗憾的是，他的右臂的麻痹却很难康复，因而留下了疾患。这成了他在做老师时期的最大苦恼，因为在写板书的时候他的右胳膊很难听从意识的支配。不过磨炼了如此强大的意志，这也成为他人生的无价之宝。

当时，患了白喉病是可以请假休养的，一般经过长时间休养的学生会自然地落下很多课程因而留级。幸运的小柴昌俊在金子老师和教历史课的西山老师的帮助下，顺利地完成了中学二年级的课程。小柴昌俊对此心怀感恩，他认为自己一生都非常幸运，总是能够获得很多人的帮助。

正因为小柴昌俊的心中埋藏着感恩的种子，并且在他面对黑暗的那些日子里发芽、开花，支撑着他坚强地面对人生。

第二章 差等生也有春天

1. 录取通知书

　　任何不幸都只是暂时的，否极则泰来，乌云之后总会有一片晴空。小柴昌俊在经历了一番痛苦的洗礼后也坚强地成长起来，他很快回到了自己的家中。这对他来说，无疑是幸福的新生。

　　在小柴昌俊上中学二年级的时候，父亲小柴昌俊男随部队迁移，姐姐、弟弟、母亲全都回到了日本。他们决定把新家安在亲戚较多的横须贺，这样小柴昌俊又和家人团聚了。

　　有家庭温暖是幸福的，这也对小柴昌俊病情的康复起到了非常大的作用。那时候的小柴昌俊，大病初愈之后迷上了制作飞机模型，当时的飞机模型制作并不像现在我们常见的塑料模型那样精巧美观，而是用简单的牙签和橡胶制作的，不过小柴昌俊对此还是非常着迷。其原因很简单，他觉得能和同伴制作出可以飞翔起来的模型是一件富有成就感的事情。

　　在当时，家人一度以为小柴昌俊未来或许会在航天飞行制造上有一些成就，却全然没有人猜到他会走上物理研究这条道路。

　　有人说，小柴昌俊能走上物理这条路并取得成就，这纯属是偶然的，因为在他童年或者青年时代，并没有看到他对物理执着追求的影子。但是，我们要清楚地知道，许多看起来并不想干的事情，在其背后都有着一些本质的联系。小柴昌俊喜爱一种东西的时候，就会投入非凡的热情专注和执着。这样难得的品质是成功的必备要素，而小柴昌俊正在琐碎的成长中积淀这些真正主宰成功的因素。

专注就是注意力全部集中到某一个事物上面，与你所关注的事物融为一体，不被其他外物所吸引，不会萦绕于焦虑之中。不能专注的人也就不能放松，专注与放松实际上是同一枚硬币的两面而已，专注也是幸福人生的一个关键特质。

一个人对一件事只有专注投入才会有乐趣。对于一件事情，无论你过去对它有什么成见，觉得它多么枯燥，一旦你专注投入进去，它立刻就变得活生生起来！而一个人最美丽的状态，就是进入那个活生生的状态。

虽说正经历着病痛，但小柴昌俊的生活却十分充实，时光在慢慢滑过，多彩也多姿。转眼间到了填报志愿的时候了，这又是一次人生的抉择和试炼。

这一次，和当初预想的截然不同，小柴昌俊曾经被动接受的军旅人生今天却彻底绝缘了。小儿麻痹症致使他再无从军的可能，自然而然他便要继续升高中。升学对于小柴昌俊来说又是一段十分波折的旅程，不过，小柴昌俊也正是在波折之中坚强起来的。

在中学四年级的时候，小柴昌俊报考第二高中，也就是现在的东北大学，结果不幸落榜了。后来，在小柴昌俊读五年级的时候，他又选择了报考第一高中，结果又一次失败了，他名副其实地成了日本的高中浪人。

接连不断的失败严重打击了小柴昌俊的自信心，不过这倒是一种特殊的历练，当挫折发生的频率较高时，人的抗压能力也就随之提升了，最后习惯了同挫折和失败做斗争，摸清了"敌人"的套路，击败它，剩下的也就是成功了。成功所需要的就是这种在失败中坚韧不拔的耐性。

小柴昌俊有他自己的打算，因为他并不愿意应征到工厂里去做一名普通的工人。他不是吃不了苦，而是觉得那样的生活并不是他人生追求的意义。

经过再三的思考之后，小柴昌俊决定到位于东京骏河台的明治工业专科学校继续读书。学校距离横须贺有一个半小时的车程，这样漫长的乘车时间对小柴昌俊来说，简直单调极了。不过，在这无聊枯燥的公交车上还是有不少住在镰仓附近打扮得很漂亮的女生的。生活的磨难没有将他的幽默感磨掉，小柴昌俊还是会在辛苦的生活中找点儿小乐趣，以此来点缀自己的心情。

虽然这样在每日奔波中的学习是很辛苦的一件事情，但是小柴昌俊的内心却格外安宁，这样能够全身心地为一个目标坚持不懈地努力，远远地好过不知所从的迷茫。

迷茫，是个可怕的东西，一旦人的双眼被蒙住，就再也无法看到希望，没了希望也就没了生存的意义。因此，很多人在迷茫中消沉了意志，涣散了人生的追求，最后只能庸碌度日。而小柴昌俊则不然，他总是会为自己找到目标，专注而明朗地活着，就算是辛苦，那也是种生命的"享受"。

经过半年的努力，小柴昌俊终于在第二年勉强挤进了一高。升高中虽然算不上是什么大事，却在小柴昌俊的人生中起到了至关重要的作用。因为这薄薄的一纸录取通知书竟然挽救了他父亲的性命。

父亲身为军人，经常不在家，再加上脾气暴躁，因此小柴昌俊与父亲的关系并不融洽，但血脉相连，他始终是爱着自己的父亲的。父亲也同样深深地爱着他。

小柴昌俊是在二月份给身在军营的父亲寄去的录取通知书，而当时日本战败在即，邮递条件非常差。转眼到了四月，一高已经开学了，但是他却没有收到父亲的任何回信，他极度失落，以为自己那一纸信笺在战火中湮灭了，抑或是父亲对这一消息并不在乎。直到八月，日本在中国宣布无条件投降，小柴昌俊的父亲小柴俊男被俘，他一直寻找着机会切腹自杀，而偏偏就在这个时候，他收到了小柴昌俊的信。

正是这薄薄的一张纸重燃了父亲对生命的希望。父亲打消了自杀的念头，他决定为了孩子一定要回到日本。后来，小柴昌俊也常常慨叹并感谢命运之神的眷顾，让他可以挽救父亲的生命，这也成为他记忆深刻的一次孝行。这原本看似糟糕的高考之路，却是命运的一次厚赠。

塞翁失马，焉知非福，现代人总是爱庸人自扰，世界上原本没有那么多晦暗和不顺。换一个角度看事情，你会发现命运待我们不薄，收获远远大于付出。这世上没有糟糕的事情，糟糕的只是人心。换个角度看看，前方总是晴朗的。

小柴昌俊常常忍不住设想，如果恰巧自己的信被中途扣下，父亲根本收不到，在那样混乱的状况下，父亲真是很可能会自杀了，而连带着对自己产生影响，也许自己的人生也会跟着改变。而另一种情况则是，如果当时的邮递条件非常好，在信笺发出的几天后父亲便收到，那又会有怎样的结果？父亲在戒败前就收到了消息，还会成为父亲后来放弃自杀的原因吗？不管怎样，这一切都要感谢他糟糕的升学考试，三番考试，过程的艰辛和挣扎可想而知。但执着泯灭了抱怨，为了自己的目标而努力，更是无怨无悔。

2. 身兼数职

"好事尽从难处得，自古瓜儿苦后甜！"

生活的艰辛能够磨砺出钢铁意志，钢铁的意志能够塑造不屈品格，而有了不屈的品格才能铸就辉煌的人生。小柴昌俊的辉煌人生正是经历了千辛万苦的锻造而打磨成的，因为艰辛和困难，使他的人生格外的光彩耀眼。

进入高中后，小柴昌俊渐渐地成长起来。随之而来的，是更多的责任，他需要担负起家庭的责任，这也正是小柴昌俊人生中最艰苦的一个时期。

每一个人的成长都是如此，总是伴随着痛苦，懂得更多，也就要承受更多，这是任何人都无从拒绝的。有的人在成长中不断叛逆、制造事端，以此来探索世界；而有的人则更加成熟，学会承担责任。显然，小柴昌俊属于后者。他经历了艰辛的生活，也渐渐地懂得了生活的疾苦，他愿意背负这些成长的责任，这是他的使命。

小柴昌俊在日本宣布投降的前四个月进入高中，开学后，他的新生活也就开始了。当然，他的心中对新生活充满了无限期待和向往，因为这毕竟是他经历了许多波折才为自己赢得的学习机会。

小柴昌俊和同学们一起居住在位于驹场的学生宿舍。有同龄人的朝夕相处，让小柴昌俊觉得很快乐。

考上高中着实不易。他已经暗暗地下定决心，要珍惜这来之不易的学习机会。然而天不遂人愿，一些现实问题又找上门来。

当时家里的经济条件差，他不得不拼命打工赚钱。当时，父亲成为战俘，不知道什么时候才能回来，因此家庭的生活费和学费都必须由小柴昌俊和姐姐承担起来。这一大家子的开销可不少，而小柴昌俊作为男孩，他觉得自己应该担负起养家的重担。

一面是他想要全心投入的学业，一面是来自于家庭的责任，无奈之下，他必须做出选择，为家庭付出是必须的。

命运常常让人无奈，小时候拥有自由时光，却往往一门心思只想着怎样去玩，怎样更欢乐。而长大了，当他真正意识到要珍惜学习的机会并要发奋的时候，却又不得不承担起了家庭的责任。

为了赚更多的钱，姐弟俩开始了各自奔波，姐姐离开了位于品川的家政学院，去做了西式缝纫。小柴昌俊则是一边做家教，一边在横滨码头干一些体力活，并且还在偶有闲暇的时候去某出版社的编辑部帮忙，他们也会给些钱作为报酬……总之，只要是能够赚到钱，并且他能够做的，他都非常愿意去做，一种接近于拼命的状态。

在做家教的时候，不管男生女生，中学生或者是高中生，只要时间和能力相对允许，他甚至会一口气接下三四个活。这对于一个学生来说，的确非常不容易。

原本只有数学是他的强项，为了赚到更多的钱，从算术到英语，有需求的科目他都去教。也幸好当时是战后混乱时期，为了保证安全，请家教自学的人也很多。

小柴昌俊既感到身心疲乏，又怨自己没有力气再多接一些工作，有一种"心忧炭贱愿天寒"的苦楚和悲壮。当然，小柴昌俊并没有考虑到这些，他只是想要赚更多的钱。

此时的小柴昌俊只不过是个高中生,原本应该自由成长的年纪。但现实摆在眼前,他不得不去奋斗,不得不去承受原本在他这个年龄不该承受的东西。都说穷人的孩子早当家,这话的确有道理。因为家庭经济状况不佳,小柴昌俊勤劳地做兼职工作,以保证自己这一大家子生活能够维持下去。虽然,他赚到的钱是有限的,但是他所获得的精神财富却是无价之宝。

没有经历饥饿便不知道一粒米的可贵,不知那些被太阳晒黑了皮肤的耕种者的可敬,当然更无从感受饿得头昏眼花或者伸手乞讨的可悲和可怕。终日打着饱嗝的人除了需要一两根牙签剔牙齿,爱心和同情对他们来说都是多余的东西。

从这个意义上说,小柴昌俊的这些经历都为他以后的成功奠定了基础。

其实不光是小柴昌俊自己,很多学生都会像他一样,身兼数职拼命地赚钱,然后把钱邮寄到家里以供家用。那个时候,也正是长身体的时候,再加上脑力劳动和体力劳动的消耗,人很容易饿,也特别能吃。当时小柴昌俊最大的愿望就是能够在横滨的中华街吃一顿盖浇饭(一种带炸虾的大碗盖饭)。然而,这样一个简单的愿望并不那么容易达成。

在横滨做装卸工一晚上的工资是四百日元,这在当时已经算是很不错的收入了,可是要想去中华街吃盖浇饭,这些钱还远远不够。

并且，在那个混乱的年代，大米十分紧缺，也就只有去中华街才能吃得到盖浇饭。

很久以后的一天，小柴昌俊把刚刚赚到的一笔家教费和做装卸工的工资放到一起，痛痛快快地吃了一顿盖浇饭。当时那种愉悦、痛快、美好的感觉终生难忘，那香润饱满的米粒仿佛一粒粒地融进了自己的身体。而如今，再好的菜肴他也找不到那种美好的味道和感觉了。

幸福很简单，它是一种美好的感觉，是像小柴昌俊在疲劳后得以满足的一顿盖浇饭，是健康失而复得的欢欣，是能感受阳光和色彩的每一个瞬间。

3. 一定要考物理系

小柴昌俊考入一高的成绩在理科甲类排第三名，但是一段时间过后，他的成绩在直线下降，这着实让人苦恼，连小柴昌俊自己也没想到成绩会如此糟糕。

小柴昌俊的成绩如此糟糕，原因有二。其一，兼职工作。其二，在驹场的学校宿舍小柴昌俊被选为副委员长，因此，在不打工的时候，还要帮助宿舍的自治会处理各种杂务。

他的学习时间被无限挤压，甚至在偶尔忍受不住的时候还要占用上课的时间打瞌睡。在这样的情况之下，他的成绩势必受到影响。

以至于在最后毕业的时候，他的名次处于一百九十名学生的中游。这样的状况让他不免有些丧气，虽然有为了家庭的付出等原因，但是糟糕的心情是任何理由都打消不了的。

在小柴昌俊十分糟糕的成绩之中，物理是不得不提的一个科目，因为这与小柴昌俊后来的人生关联重大。不过，最初的时候，他恰恰会选择逃掉物理课，这和他后来的人生轨迹背道而驰。那么，究竟是什么原因让他做出这种事呢？

当时，小柴昌俊的物理课由班主任鑫泽秀夫教授，但是物理课中的力学演算是由另一位老师教。班主任的课程还好，因为他更了解小柴昌俊一些，常常给予小柴昌俊一些鼓励，并且能够看到他的闪光点。但是在另外那位老师那里，小柴昌俊可就没有那么幸运了。因为小柴昌俊患过小儿麻痹症，右臂处于半瘫痪状态，虽然这并不影响智力，却给他的力学演算学习造成了很大的障碍。因为力学演算要求在黑板上大量做题，这稀松平常的事情对他来说就成了莫大的苦差事。无论他怎样努力，却始终没法将手抬高。

正因如此，小柴昌俊常常会逃课。他实在不喜欢听到老师的叹息，看到老师皱眉头，因此逃避成了首选。不明真相的老师对此十分不满，于是一种恶性循环也就开始了，老师理所当然给了小柴昌俊一个不及格的分数。幸好班主任鑫泽秀夫老师给他的分数较高，他的平均分才能够勉强及格。

小柴昌俊比较庆幸分数能够及格。不过，他却对物理不怎么感冒，甚至有些厌烦，他不喜欢这种很难及格的科目，因为在此中他体会到更多的是挫败感而并非成就感。以小柴昌俊当时的成绩很难看出他日后会在物理上有大发展。

在一高的时候，小柴昌俊学的是理科，但是他却十分迷恋音乐和文学。那时，因为有征兵的要求，很多本来想要学文科的学生都转到了理科，因为理科生可以不去服役。不过对于身患小儿麻痹的小柴昌俊来说，这并不成问题。

所以，他一面学习理科，一面学习他所深爱的音乐和文学。那时候小柴昌俊和宿舍的朋友们都非常贫困，还好宿舍里有八个人，就算每个人只买一本书，大家相互轮换也可以看到很多书。

在当时物理成绩勉强及格的情况下，小柴昌俊却坚决地选择了物理系。这样的转折也的确有戏剧化，正如当初他在被动接受父亲规划的军旅人生准备报考军校时，却因为意外的病情彻底与此绝缘。意外，每时每刻都可能发生，小柴昌俊也在平静和浑然不知中等待着。正是因为这一次小意外，令他开启了新的人生篇章。

在第二年冬天，东京大学的入学考试快开始了，学生们已经开始着手考虑自己未来大学中的学习方向问题。当然，小柴昌俊也不例外，即便此时，物理系也根本没有在他的考虑之内。因为在当时看来，这是他避之唯恐不及的一个科目。

一天，小柴昌俊来到学生宿舍的澡堂洗澡，他清楚地记得那一天格外寒冷，在洗澡的时候，他意外地听到有人在议论他。作为被谈论者，他当然会格外好奇他们谈论的内容了，这一听，就出事了。

澡堂里的灯光暗淡，再加上天气寒冷，室内的水蒸气很大，小柴昌俊并没有听清楚是谁在说话。但却清晰地听到了谈话的内容，因为谈话是讨论他的，所以他的耳朵自觉地、反应灵敏地捕捉到了以下的信息：

"你知道小柴君准备考哪个系吗？"说话的声音貌似一位高一的同学，他很漫不经心地问着。"小柴……他物理不行，不会考物理系的。"回话的正是教物理力学演算的那位老师。小柴昌俊的怒火随着水蒸气腾起，他竖起耳朵仔细地听，身体抑制不住地在颤抖。他这样一个好强的人，怎么能忍受别人这样的侮辱！"他是报考印度哲学还是德国文学我也不清楚，反正应该不会是物理系就对了。"

这个混蛋，竟然这样看不起我！小柴昌俊在心底暗暗地想着，物理力学演算课自己成绩的确不理想，但是这番谈话实在是让他恼火。小柴昌俊知道即使现在走上前去指责他们也只能是自取其辱，他强忍着自己心中的怒火，离开了澡堂。

小柴昌俊恨透了这样明目张胆的轻蔑。也就是在那一刻，他暗暗下了一个决心："一定要把物理学好，不能被他看扁了！"

愤怒给小柴昌俊的全身都注入了动力，在那以后的一个月时间里，他像发了疯一样地学习物理。也许改变他命运的大船就是在那一刻开始转舵。

当时的感觉显然很难受，不过后来的小柴昌俊却对之前所经历的一切痛苦相当感激，每一种磨炼都是一种财富，这也帮助他走上了后来光辉的路。再回头审视的时候，完全是另一种心境，只不过当时确实十分痛苦。

对于那些曾经伤害你的人，那些看不起你的人要心存感激……也许他人给予的轻视会成为改变你一生的动力。

当时和小柴昌俊同一个宿舍的朽津耕三君，物理学得非常出色。于是，小柴昌俊恳求他帮助自己学习物理，并向他表明了自己想要考物理系的想法。听完小柴昌俊的想法之后，朽津耕三君非常吃惊，因为在这之前，小柴昌俊从未提过关于物理的一个字，并且也没有任何迹象表明他会做这样的选择。尽管吃惊，朽津耕三君仍然热情地教他。因为他在小柴昌俊的眼神中看到了和以往有些不同的闪亮的东西，是一种爆发的力量，他十分乐于帮助这个人。

即便有强大的决心，并且有一个不错的"小老师"的帮助，报考东京大学的物理系仍然很难成功。因为在当时的日本，也只有成绩特别优异的学生才有胆量报考东京大学物理系。据小柴昌俊估算，只有成绩排在前十分之一的学生才有可能考上物理系。难度已经摆在了眼前，这是一个很难跨越的高度，但是，小柴昌俊决定试一试，看一看自己究竟能够跳多高。

这个世界上，有很多奇迹往往就是在不可能之中实现的，每个人都是拥有巨大潜能的能量柱。而人们常常把自己看得很低，并主观地为自己下定论：有些事情不是凡夫俗子所能做到的。

然而，事实并非如此，一般水平下，人们在工作和生活中所发挥的潜力只占到全部潜力的3%～10%。许多人之所以被困难击败，是因为自己低估了自己。每个人都有强大的、没有被开发的潜能，一旦遇到适当的激励，这些潜能就会被激发出来。因此，面对挑战，没有什么可怕的，更高的挑战往往会激发更大的潜能。

平心而论，以当时小柴昌俊处在中游的成绩，物理老师在澡堂所说的他考物理太勉强之类的话也着实合理。因此，当时他决定考物理系的行为在很大程度上是拼死一搏，在这一场斗争中，小柴昌俊装满了赢的信念。因为，他知道，如果他失败了，挫折感将会比自己当初身体上受的折磨还要痛苦。所以，他不允许自己失败。

小柴昌俊家庭并不富裕，受家境所限，他便不可能去报考任何一所比东大好一点儿的大学。

小柴昌俊最终能考上东京大学物理系吗？

第三章 您好,东京大学

1. 恩师朝永十三郎

如果当初没有选择物理，或许时至今日我们也无法认识这个叫小柴昌俊的人，或许他真的会像力学演算老师在澡堂中所说的选择德国文学吧。

在那之前，小柴昌俊的确与德国文学结缘不浅，他曾经把法国歌手潘泽拉的唱片拿到宿舍里，让一高的朋友们和他一起欣赏。其中的一首曲子是由舒曼根据海涅的诗谱成的，名为《诗的恋人》，其韵律非常优美，令人难以忘怀。小柴昌俊沉浸其中时也会遐想一下，自己未来的生活会不会沉浸在德国文学的熏陶之中。后来，他却跳出了常理思考，让所有人都惊叹不已。

小柴昌俊选修的第二外语是德语，自从选择后，他便开始阅读歌德、托马斯·曼的作品，他为德国文学着迷。尽管他的人生骤然转航，但是后来他学的德语在他的物理世界里起到了重大作用。由此可见，小柴昌俊所经历的表面看上去和后来的人生没有什么关系，但事实上，却是在悄然地积累今后的成功。因此可以说，任何学习都是一种成长。

澡堂事件成了小柴昌俊的人生转折点。当时选择物理系，的确是困难重重的冲动之举。然而，前方柳暗花明，为他开启了新的非同凡响的人生，小柴昌俊凭借着自己的努力成功地考上了东大物理系。

在此之后，小柴昌俊成为很多人关注的焦点，周围经常会听到这样的声音："嘿，你看，那个就是小柴君……"

当心中憋着的那口闷气顺畅起来，小柴昌俊的心情好极了，他倍感轻松。幸而被东大录取，否则他便很有可能成为无业游民了。并且，那段为了考进东大而拼命学习物理的日子，小柴昌俊永远也不会忘记。它鼓励自己珍惜这来之不易的一切。

所以不管此刻承受着怎样的苦难，都不要放弃前进。因为在未来，你一定会感激曾经如此努力的自己。

当时一高的校长是哲学家天野贞佑先生，小柴昌俊平时得到了他的不少关照。所以，当小柴昌俊向校长报告自己考上了东大物理系的时候，天野贞佑先生表示他愿意给予小柴昌俊最大的帮助，他说："我对物理一窍不通，不过我恩师的儿子在教育大学里从事物理研究工作。"这个人就是后来的诺贝尔物理学奖得主朝永振一郎先生。朝永先生从来不会单单看学生的现状去评估一个人的能力。在他的眼中，每一个学生都是一朵等待绽放的花朵，他愿意用自己的力量去帮助学生们开放。

小柴昌俊觉得自己异常幸运，得到这么多前辈的关照，让他能够快速地成长起来。

天野先生一边说着，一边给小柴昌俊写了一封介绍信。天野先生还说，他的恩师正是朝永十三郎先生，还是他的大媒人。听到天野先生这样讲，小柴昌俊心里高兴极了，心中更是多了一份期待和向往，盼望自己能够得到朝永十三郎先生的关照。

天野先生把写好的信交给了小柴昌俊，又对他嘱咐了一番。薄薄的一封信，小柴昌俊却觉得沉甸甸的。因为它满载着小柴昌俊的希望。

小柴昌俊拿着天野先生的介绍信，以最快的速度去拜访了居住在新宿大久保光学院研究所内的朝永先生。尽管小柴昌俊有些生涩和紧张，但是朝永先生却很友好地接待了他。

朝永先生是个温和而友好的人，对学生更是关爱有加，是个有德行的老师。因此，给小柴昌俊留下了深刻的印象。

朝永先生是一个很风趣的人，有一次，朝永先生参加小柴昌俊一位前辈的婚礼。他在婚礼上致辞说："我教过新郎物理，却没有教过他喝酒。坐在旁边的小柴君已经跟我学会喝酒了，可是我还没有教他物理。"总之，和朝永先生在一起时，小柴昌俊总会感觉很快乐，并且受益良多。

命运之神频频眷顾，从那以后，小柴昌俊就一直受到朝永先生的关照，他心里一直深深地感激着。值得一提的是，最后朝永先生还成了小柴昌俊和他妻子的媒人，更有趣的是，他也成了朝永先生的大女儿和女婿的媒人。后来他们一直保持着深交，这样的友谊对小柴昌俊来说弥足珍贵。

2. 周而复始的打工生涯

小柴昌俊终于闯过了考试这一大关，进入了东京大学，步入了崭新的大学生活。

面对恢宏、庄严的教学楼，小柴昌俊抑制不住自己内心的兴奋，一切是他不曾想象过的，命运却离奇地给这个倔小子将了一军，把他"逼"到了那里。虽然过程有些折磨和痛苦，但是在艰辛过后，他忽然觉得人生格外精彩，之前的辛劳也更有意义。

小柴昌俊在还没有真正开始大学的课程之前，就已经规划好自己的大学生活了，那是一种美妙的畅想，他决定一定要珍惜这次难得的机会静下心来好好学习。然而，愿望总是美好的，一旦面对琐碎的生活，一切就变了滋味。因为，新的状况又一次出现了。

就在小柴昌俊考上东京大学的时候，他的父亲回国了。这件事原本该让小柴昌俊感到快乐，但与此同时，实际的生活问题也很快地显现出来。当时，退伍的职业军人是不能参加工作的，因此他的父亲不得不赋闲在家。如此一来，家里又多出一口人吃饭，小柴昌俊不得不更加努力地打工，赚更多的钱来维持这个家的生计。这打破了他原本美好的畅想，但是小柴昌俊并未表现出任何抱怨。他觉得，自己是一个男子汉，家庭是他本该承担起的责任。于是，在学业和家庭责任中他还是做了和之前同样的选择。

大学生活开始后，小柴昌俊的忙碌生活也开始了，像之前一样他常常是每周只听一天半的课，其余的时间则全部用来打工赚钱。这样的工作已经超出了一个普通工人的强度，然而他却硬撑了下来。

生活所迫，实属无奈，但有时候命运似乎很会捉弄人，它总是喜欢玩一些锦上添花或者是雪上加霜的游戏。考入东大之后的小柴昌俊必须从一高的宿舍搬出来，这样一来就更加重了他的经济负担。当时的房租都比较贵，以小柴昌俊的境况是难以承担的。所以，困难再一次出现，来对小柴昌俊加以磨砺。

那一段时间，小柴昌俊总是闷闷不乐，因为他当时已经尽了自己最大的能力去打工，他不可能再去赚更多的钱了。那样他面临辍学不算，还会被活活累死的。

"一分钱难倒英雄汉。"那样的情境让小柴昌俊觉得糟透了。但尽管如此，他心中却从来都没有出现过要放弃的念头，他在高速地运转着自己的头脑，并极力地寻找着办法。

在这世界上办法总是比问题要多，这是小柴昌俊一直坚信的。并且，他也一直在实践。

思来想去，计上心来，困难摆在眼前，索性小柴昌俊就去找那种能够提供住宿的家教工作，这样一来，他面临的困境也就化解了。

此后，小柴昌俊便开始大范围地搜寻这种提供住宿的家教信息。贴广告、托朋友，凡是能快速解决这个问题的方法他都一一尝试一番，他希望能够快速地找到这样一份工作，解决眼前的困难。

功夫不负有心人，小柴昌俊在地铁木蒲县一带找到了可以提供住宿的家教工作。他的教授对象是这家上中学一年级的男孩子，有时候也要教男孩上高中的姐姐，其实这也就是雇主选择住宿家教的一个重要原因。花一份家教的钱，便会额外得到那么点"教育福利"。不过，这对于小柴昌俊来说，并非什么大不了的事情。解决了住的问题，对于小柴昌俊来说已经是莫大的幸运。

那段时间，小柴昌俊感觉他是这一家的老师，因为在他们家庭中的任何一个人有问题的时候，都会向小柴老师提问，当然他也会知无不言。他很乐于为别人解决问题，有时候这家人提出的问题他暂时回答不上来，就会通过自己的努力，探寻到一个正确合理的答案，再告知给他们。他很乐于奔波在这样一个发现问题解决问题的过程中。

吃住的问题暂时不用发愁了，小柴昌俊的生活也算是安稳下来。但是在那个生活水平较低的时期，想要吃得好无疑是一种奢望。

物质的匮乏使人们对物质的满足度也极低，并不像现在，人们吃遍了山珍海味，却还是想要品尝更美味的珍馐。那时，小柴昌俊的夜宵就是不加盐的疙瘩汤。疙瘩汤热乎乎的，黏黏的，散发着幽幽的香味。这在当时已属夜宵中的上品了，他把这美味的疙瘩汤称为"热点心"。正是这简单的热点心，在辛苦的生活和工作中给了他不少的力量。至今，小柴昌俊还记得那种美味香甜的滋味，不过遗憾的是，在后来远离了贫困之后，他却再也没有品尝到如此美味的东西。不是其物难寻，而是因为时过境迁。

小柴昌俊做的是家教的工作，按理说这是对于功课的二次复习，但是在这样的状态下，他大学的成绩很不理想。小柴昌俊也曾对这个问题产生过疑惑，细想之下他才明白，他做家教占用了太多时间，以至于他没有时间学习东大的课程。这又是和高中时期一样的结果，可是他却一点儿办法也没有，既然已经身在艰辛之中，他也就只能去享受艰辛了。

那段生活异常艰辛，所做的一切仅仅是为了生存，那是命运对他的历练。

3. 物理成绩倒数第一

做任何事情都要付出一定的代价，小柴昌俊拼命打工带来的结果就是，像他自己所说的那样，"我得了物理成绩倒数第一"。

这的的确确是一件糟糕透顶的事情。毕竟小柴昌俊是一个东京大学物理系的学生，是一个未来物理学诺贝尔奖的获得者，当然这都是后话。但是在此刻，上帝安排了如此插曲。是啊，这怎么可能呢？这位今后的物理学家，物理成绩竟然倒数第一。

这件事是当事人小柴昌俊本人大胆地公布于众的。通过小柴昌俊的处理方式来看，他着实是一个超乎常理的家伙，总是走着不寻常的道路。

2002年3月，小柴昌俊有机会在东京大学的毕业典礼上致辞，他把自己毕业时的成绩在屏幕上放映出来。在全部十六个科目中，得到优异的只有"物理学实验一"和"物理学实验二"这两门课，其余有十门科目是良好，四门科目是可以。这可不是值得在大庭广众下展示的事情。倒数第一的物理成绩，本该是下功夫掩饰的重点，却反而成了他高高扬起的旗帜，成了不得不说的重点。

其实，小柴昌俊之所以这样做，无非是要鼓励那些成绩不太好的毕业生，鼓励他们要有积极的态度和信心。

小柴昌俊想要表达的是，作为青年人，未来的路还很长，所以即便是现在的成绩不够理想也不要灰心，不要放弃自己的梦想和追求，要积极地面对生活中的困难和挫折，要有信心，这样前方的道路才会通畅。分数只是用来评估学生的学习情况，反映出学生在学习过程中的一些问题，考试的分数高，绝不代表一个人在各个方面都很优秀；反过来，考试分数不高的孩子也绝不意味着各方面都不行。每一个人都是会发展、会变化的，有些人在学校里是不行的，以后的发展反而很棒。

同时也是要向学习成绩好的毕业生叮嘱一句："不要太得意。"因为人的真正价值不仅仅体现在大学里，更多的是体现在步入社会以后。学习成绩好只能证明你对所学知识的理解，也就是所谓的"被动式认识"。

当时，小柴昌俊发表了这样的言论："直到今天，你们一直在学习，因此你们当然能够被动地对客观事物进行认识与分类。从今天起，你们中有些人将步入实际社会，从事实际的事务性工作；有的人会进入研究生院，从事研究工作，你们都将会遇到与当学生时完全不同的事情和环境。因此，大家必须认识到主动地认识客观事物进而去解决问题的重要性，千万不能有认为在学校成绩好而走入社会也会是一帆风顺的想法。"

那时的日本就像梅雨时节的天气一样，笼罩在一片阴霾中。有人说小柴昌俊和田中耕一先生的获奖"激励了已经丧失信心的日本人"。为什么会丧失信心呢？他很不明白，他觉得应该更加有信心才对。

小柴昌俊认为，日本在经济、外交和教育等方面的确面临着很多问题，但是人们若只看到它的阴暗面，这种情况永远也不会有所改观。俗话说："有志者，事竟成！"只要努力，一切皆有可能。

当时毕业典礼的礼堂坐满了毕业生家长，由于小柴昌俊在毕业典礼上没有按照常规套路出牌，以至于整场典礼的场面显得格外轻松。很多学生在看到他的成绩后，更是笑得前仰后合。在放松的同时，也给人以无数沉思。

小柴昌俊认为，学习成绩并不能够决定人的一生，即便成绩不好，但是能够做自己喜欢做的事情也是非常有意义的。所以小柴昌俊通过这一次毕业典礼的致辞把自己的想法传达给学生们。

4. 汤川奖学金

由于小柴昌俊把全部精力都放在了打工挣钱上，等到回过神来才发现，马上就要大学毕业了。可将来究竟干什么，小柴昌俊连想都没想过。这种迷茫，很多人都曾有过，对于未来的不确定，对于人生选择的恐惧，这一切无时无刻不困扰着小柴昌俊。然而，在现实面前，他也只能抓紧时间理出头绪来。

自身条件明摆着，小柴昌俊的右手有残疾，就业机会比别人要少很多，用排除法的话有一半的工作会被排除掉，思来想去也就只有考研究生这一条路了。但究竟考什么方向的研究生，他当时完全没有明确的目标。

小柴昌俊找到山内恭彦先生，把自己的想法告诉了他，说自己想到先生的研究室来学习。

小柴昌俊之所以找山内恭彦先生商量，与其说是想从事"理论"研究，不如说是觉得山内老师有可能接受自己。

每一次向前迈步，都可能走出一个未知的未来。与山内老师的这次相遇极大地改变了小柴昌俊的人生道路。

那个时候研究生院还没有入学考试。只要导师说一声"行，来吧"，就算合格了。

整个大学时代，小柴昌俊几乎就没正经上过课，但实验课小柴昌俊却一堂也没落下。实验课是必修课，如果实验课考不及格就有留级的危险，所以无论如何也要把实验报告完成好。

凭借山内老师的人缘，还有小柴昌俊拼命从事实验的好成绩，他终于获准进入研究生院。也正是因为进入了山内老师的研究室，这才将小柴昌俊的命运引向了今天的发展方向。

成为研究生，让小柴昌俊觉得安心，因为研究生院有一种奖学金制度，即成绩优秀的学生可以作为特别研究生获得奖学金；或者给老师当助手，有工资收入。得知这个消息小柴昌俊的确是兴奋了很久，这是汤川秀树博士为纪念自己获诺贝尔奖而创立的奖学金制度。当时每年的奖学金是四万日元。这笔钱对小柴昌俊太有诱惑力了，如果能够得到这样一笔丰厚的奖学金，他的生活也会好过很多。不过细细想来，他又陷入了沮丧之中。制度虽好，可是他的自身条件就不太乐观了。

小柴昌俊毕业的成绩前面也说了，只有两个"优"，所以他觉得自己大概与奖学金无缘了，这让他有些沮丧。而沮丧之余，他告诫自己不能轻易放弃，因为筹措学费是头等重要的事情，资金困难摆在眼前，他是无论如何也必须要争取奖学金的。小柴昌俊下定决心，大学一毕业就申请"汤川奖学金"。

在"汤川奖学金"强烈的诱惑之下，小柴昌俊多半是在强迫自己的情况下写出了论文。

这是一篇理论物理学论文，题目是《μ粒子的核相互作用》，是在前辈的指导下写成的。尽管有前辈指导，论文完成的过程还是颇多波折。因为当时无论怎样认真计算，让前辈一检查，几乎都是错误，论文好几次都被退了回来。一次次面对失败的打击，小柴昌俊心中不免有些沮丧和迟疑，可是，仅仅是低落了一会儿，他便再一次振奋起来。

小柴昌俊最终幸运地通过了论文答辩，但却发现自己不是当理论物理学家的料，所以尽管论文通过了，自己倒越发不安起来。他有时候怀疑自己是不是选错了路，一度觉得物理有可能成为他最挠头的事情。他在一段灰茫茫的人生路上踟蹰着，不知该前进还是要调转方向。

人生路漫漫，忧虑总是难免的，不管以后的路走得怎样，眼前的问题还是要解决的。这也是一个很现实的问题，如果学费的问题不能够尽快得到解决的话，小柴昌俊则会面临着失学的危险。

另一方面，山内老师也开始为小柴昌俊的学费担心。

为了解决小柴昌俊的学费，他把小柴昌俊作为奖学金申请人推荐到了教授会议上。

老师对小柴昌俊的学习成绩也没有完全的把握，小柴昌俊后来听说山内老师在会议上问"你们认为小柴君的学习成绩可以拿奖学金吗"的时候，引起了其他老师的哄笑。当时，山内老师心里很不舒服，这也更让小柴昌俊感到惭愧。小柴昌俊觉得，山内老师是发自内心想要帮助自己，而自己却不争气，让老师受到了嘲笑和质疑，他真的不是一个好学生，愧对山内老师。在研究生院，小柴昌俊正式开始了硕士课程的学习，这一次他痛下决心，如今已经成为一名研究人员，应该好好地努力学习了。虽然他并不是那么太在意成绩，但是他却不想让成绩成为自己前进和发展的阻碍了。糟糕成绩带来的苦头，他已经尝够了。

经过再三思考，小柴昌俊决定从自己最弱的地方着手补救。他觉得可以抽出一部分时间到其他大学里去听课补习，也就是所谓的游学。

南部阳一郎老师，在物理学界很受人尊敬，并且，他恰好在大阪市立大学开办了理论物理研究室。南部老师也是东大的老前辈，有很多学生都希望投入其名下学习，很多人也是各处托关系，以求他能将自己收纳。而小柴昌俊则完全不认识南部老师，几乎可以说是独自闯到大阪去的。这的确有些难度，不过没有任何困难能够让小柴君退缩。

第一次的拜访并不顺利，因为当时的小柴昌俊实在没有什么可以博得南部老师另眼相看的东西。

但这并不能够阻挡小柴昌俊前进的脚步，最后，在小柴昌俊的再三恳求下，南部老师被他的真诚打动了，同意了他的请求，让小柴昌俊晚上住在研究室里，并在白天进行学习和研究。

敲开了南部老师这一道门，小柴昌俊非常高兴，但他清楚，这仅仅是一个开始，未来学习研究的路上一定会有更多的坎坷。

那是一段艰苦的日子，小柴昌俊终生难忘。整整一个月的时间，他都睡在研究室的大桌子上。正是因为机会来之不易，小柴昌俊才无比珍惜，他尽自己最大的努力去学习更多知识，所以他不仅参加南部老师的研讨课，同时也会参加物理方面的轮流演讲。总之，只要是可以参加的活动小柴昌俊都没有落下过。

小柴昌俊一直坚信，所有的付出都会得到收获，这种收获可能是成绩，也可能是成长和积淀。也正因为如此，无论身处任何境遇他都能感受到前方的希望。

正是通过这一次努力，小柴昌俊终于得到了同行的认可。也给他的人生带来了更大的机遇。

回到东京后，一位名叫藤本阳一的前辈问小柴昌俊："愿意和我一起做核胶片实验吗？"

小柴昌俊喜出望外，他毫不犹豫地答应下来。因为这一步对于他来说具有重大意义，这是他的第一个大实验。由此开始，他人生的路途渐渐明晰起来，未来是怎样他无从想象，他只是在心中坚定了信念，要不断向前。

在这个计划中，山内老师也捐赠了五万日元。在当时这算得上是一笔不小的数目了，这要比小柴昌俊一年的奖学金还要多很多。这笔钱给了小柴昌俊极大的鼓舞，有了这笔钱，他的干劲儿就更加足了。

与此同时，小柴昌俊和藤本先生也决定开始利用核胶片进行宇宙射线的实验。由此，小柴昌俊的研究生涯正式起步了。

5. "洛克先生"

还得去打工赚钱。生活的艰辛依然固执地缠着小柴昌俊，像一个不依不饶的魔鬼。尽管作为研究者的生活开始了，可是他依然被贫穷困扰，不过，饱经磨炼的小柴昌俊早已经习惯。

东京大学研究生院每年都能收到来自各地的申请书，希望东大能派老师去当地任教。小柴昌俊感觉到老师和前辈们的意思是"小柴君最好去一次"。工作是轮流干的，老师们的呼声他又怎么能够听而不闻呢。所以，既然碰到了就只好答应下来。

小柴昌俊这次以老师的身份去了自己居住过的横须贺，在荣光学园的私立学校教中学生物理。小柴昌俊过去就喜欢和孩子们一起玩，所以这段在中学任课的回忆还是非常愉快的。

孩子们玩闹的时候，他总是在一边微笑地看着，偶尔也会兴致勃勃地加入他们。孩子们的青春与活力，总是会让他想到自己曾经的顽皮和欢乐，他常常沉浸在那种美好的回忆之中。

淘气的孩子惹了祸，他也不生气，甚至有时候他在心里会觉得，这孩子真有意思！也许这是因为曾经的他也是个淘气孩子的缘故吧。虽然小柴昌俊课下和孩子们打成一片，不过，课堂上他很严格。他的教导也非常人性化，从不严厉地惩罚学生，而是同他们认真地讲道理，把他们当作朋友来看待。老师和学生双方是处在一个平等的关系上的。

这个老师不太凶，因此，学生们都非常喜欢小柴昌俊。

小柴昌俊享受着和孩子们在一起的快乐时光，心中有时候也会很羡慕。这些孩子比起自己小时候要幸福得多了，所以他经常会告诉孩子们，珍惜当下的每一分钟。

小柴昌俊应该算得上是老师的老师。

许多往事小柴昌俊都已经忘记了，但是他却没忘记怎样设法通俗易懂地给孩子们讲解物理难题。

这个时候，物理已经扎根在了小柴昌俊的脑海里，并发芽生长。他想激发学生们学习物理的兴趣。

在考试的时候，小柴昌俊会给学生们出一些独特的考试题目。例如，如果这个世界上没有摩擦会怎样呢？

这个问题的有趣之处在于它不是一个计算题，也不是让学生们给小柴昌俊一个统一答案的题目，而是可以令学生们用自己的头脑好好地思考一下。思考是对学习的整理、提炼和升华的过程，对于学生来说是非常有必要的。最重要的是针对问题会有各种各样的回答，回答是否正确则另当别论，因为小柴昌俊觉得拼命思考的过程对学生们来说才是最宝贵的。

小柴昌俊给出的正确答案非常有意思，是一张白纸。

因为没有摩擦的话，铅笔就不可能在纸上书写。答对的学生共有三人。也许这三人里面也混进了绞尽脑汁仍束手无策只好交白卷的吧。不过即便是这样也没关系，小柴昌俊就是要让他们觉得物理是独特而有趣的，不只是索然无味的考试题，因为这是喜欢学习的第一步。

在世界性的科学会议上，日本的基础科学常常给人很薄弱的印象。据说，现在的孩子们疏远数理学科的倾向越来越明显，这对科学本身来说是个不小的灾难。

比如中学生，他们不是因为喜欢数学而喜欢教数学的老师；相反，他们是因为教数学的老师有魅力才对他所教的科目感兴趣。不仅中小学生是这样，大学生也是这样，小柴昌俊也是这样。

所以，一般而言，如果疏远理科是事实的话，这首先应该是理科老师们的责任。小柴昌俊是老师，所以先要和孩子们一起玩，一边玩一边思考孩子们的兴趣究竟在什么地方。

兴趣对于一个孩子的成长十分重要，兴趣是一种具有浓厚情感的志趣活动，它可以使人集中精力去获得知识，并创造性地完成当前的活动。美国著名华人学者丁肇中教授就曾经深有感触地说："任何科学研究，最重要的是要看对自己所从事的工作有没有兴趣。换句话说，也就是有没有事业心，这不能有任何强迫。比如搞物理实验，因为我有兴趣，我可以两天两夜、甚至三天三夜在实验室里，守在仪器旁，我急切地希望发现我所要探索的东西。"

兴趣是学生有选择地、积极愉快地学习的一种心理倾向，它是学习动机中最现实、最活跃的成分，是推进学生进行自主学习的动力。学生只有对学习产生浓厚的兴趣，才会专心听讲，积极思考，从而学到新的知识。

教育家夸美纽斯说过："教学是一种教起来使人感到愉快的艺术。"所以教学中的情境教学，能够使学生被一种愉快和谐的特殊气氛所陶冶、感染、激励，从而激发对学习的兴趣，正因为如此，在教学过程中，教师应该想方设法激发学生的兴趣，优化课堂的结构，提高学生学习的积极性、自觉性和主动性。

小柴昌俊认为，引导学生兴趣发展最重要的时期是中学时期。如果中学生认为"科学很无趣"，那么他们的一生都会与科学无缘。小柴昌俊想要告诉中学生们，科学是需要自己亲自动手并且经过缜密思考的一门学问，它不仅仅是在教室里由一方传授给另一方，而且还要通过实验来证明它，因此科学是非常有趣的。

当时，为了培养理科人才，日本文部科学省要为"喜欢理科比例高"的老师发放奖金，给全国一千名左右的理科老师每人发一百万日元进行嘉奖。从日本的未来考虑，这个金额并不算高。

另外，文部科学省还有一个计划，那就是建立一种制度，让那些没有教师资格证书、但由衷地热爱理科的人来讲课。比如，让有奖学金的研究生们去执教半年的理科课程。

实际上，在荣光学园当老师的小柴昌俊就是一个典型的例子。

小柴昌俊在荣光学园工作了约一年半。那是一段快乐而难忘的日子。在那里，小柴昌俊得到了一个绰号"洛克先生"。这是语文课本里一篇小说中的人物，据说是个行为古怪的人。实际上，得到这个绰号的原因，小柴昌俊还是后来在诺贝尔奖颁奖后的报纸上看到的，每当被提及这个绰号时，小柴昌俊总是回忆起那段和孩子们一起相处的美好时光，满载着欢声笑语。

从大学时代起，小柴昌俊就爱和孩子们一起玩，他常带着住在附近的孩子们去写生，或者去郊游。和孩子们在一起的时候，小柴昌俊总是感到格外轻松。他和孩子们一起望着天边的云，小柴昌俊感觉到灵魂仿佛在天上飞翔。

这样一个老师，必定受到爱戴。小柴昌俊仍然记得自己的童年，也因此，他知道学生们真正想要什么，因而得以"对症下药"，让自己的学生们体会到快乐。

在小柴昌俊获得诺贝尔奖之后，有些人给他打电话，向他表示祝贺，她们是六十多年前跟小柴昌俊一起在幼儿园里玩的那些女孩子。

"恭喜你了！当年你对大家都特别好，谢谢你。过去的事情真令人怀念呀！"

在得到汤川奖学金读研的第二年，小柴昌俊有一段时期在大阪大学菊地正士教授的研究室学习。在那里，小柴昌俊也常带菊地教授的小女儿到幼儿园去玩。所以，本来必须在研究室待四个月，结果小柴昌俊又多待了一个月。

这是小柴昌俊的人生之旅，独特又充满了无限乐趣，他总是沉浸于此。

第四章　梦幻般的一年零八个月

1. 踏上美国土地

这个时期的小柴昌俊正和组员兴奋地进行着核胶片实验。可是宇宙射线并没有想象中的那么容易研究，所以，小柴昌俊一组人打算在实验成果出来之前先到实验现场详细地学习一番。

在核胶片研究领域，有一位名叫鲍威尔的英国教授比较权威。在研究生院第二年放暑假的时候，藤本想去教授所在的英国布里斯托尔大学，而小柴昌俊则想去美国纽约州的罗切斯特大学进行学习。

小柴之所以选择罗切斯特大学也有他自己的想法。

罗切斯特大学物理教研室的主任玛尔夏克教授学术水平高，并且善于发掘人才。在美国，很多爱好物理的学生都去了哈佛大学或者是加利福尼亚工科大学。因此，玛尔夏克教授觉得应该从海外挑选一些优秀的学生。也正是他的这一举措，使得小柴昌俊人生的路又大大地向前跨出了一步。

正如小柴昌俊自己认为的，人只要努力，幸运会常常眷顾。恰巧在这个时候，汤川先生获得了诺贝尔奖，所以玛尔夏克教授决定从日本招收三名学生。而且，在纽约物理学会，玛尔夏克教授与汤川先生进行了一次交谈，汤川先生同意把教授的招生机会带到日本。

这次机会对物理研究者来说，的确难得，小柴昌俊也非常向往。尽管整个日本只有三个名额，被挑中的概率很小，但小柴昌俊却并没有放弃，即使希望再渺茫，他也要努力试一试，他从来都不会给自己放弃的选项。

小柴昌俊前去请求朝永振一郎老师为他写推荐信。令他欣喜的是，他的老师爽快地答应了，并且也很支持小柴昌俊的想法。一番畅谈之后，他们需要将这件事情落实到文字上，于是朝永振一郎老师笑着对小柴昌俊说："那你就用英文按照你所希望的那样写一封推荐信吧，这也是学习英文的一种方法。"

得到恩师热情的帮助，固然可喜，但是另外还有一件事令小柴昌俊非常头疼，因为除此之外还有一项选拔要求，就是推荐信上必须附上大学的成绩单。

入选的规则小柴昌俊是不得不遵守的，无奈之下，小柴昌俊到东大理学部事务所去取成绩单，也就是他在东大的毕业典礼上向大家展示的那一份。

无论怎样掩饰，这都算不上是好成绩，美国方面自然而然地会对小柴昌俊的印象分打折扣。他自己并不在意成绩，但若是因为自己成绩糟糕而丧失了出国深造的机会，那他一定会非常痛心。

对小柴昌俊自己而言，成绩单是申请的障碍，如果把这张纸上写的"可"和"良"如实地翻译过去，可能拿不到去留学的护照，因此，小柴昌俊格外担忧。于是，他想方设法地要避过这个雷区，降低自己失败的可能性。那么，唯一的办法也就是淡化成绩。

究竟要怎样才能把"优""良""可"合理地翻译成英文呢？这的确是一个不小的难题。经过反复思量和斟酌，小柴昌俊完成了一篇在用词上有着细微差别的英文推荐信，并拿给朝永振一郎老师看。

"成绩的确不那么好，但也不是那么坏的学生……"朝永振一郎先生一边笑着，一边在信上签了字。

这个鬼精灵的学生，总是会带给人一些出其不意的东西，或许在未来他会给人们带来一些想不到的惊喜呢！朝永振一郎先生暗暗地在心中希冀。

根据最初的预想，可以选拔三个学生到罗切斯特大学，小柴昌俊很幸运地成了其中的一员，这让他尤为兴奋，当然，这都要感谢朝永振一郎先生。

2. 枯燥并快乐着

1953年8月，对未来充满了憧憬和渴望的小柴昌俊，正在赶往那个遥远的国度。那里的一切都在深深地吸引着他。

在殷切的渴望和憧憬中,他那梦一般的旅程便开始了。从横滨乘坐冰川丸号来到夏威夷,又在路上足足走了漫长而艰辛的十一天。

踏上了美国的土地之后,小柴昌俊感慨颇多。异国他乡,一切对于他来说都是异样而崭新的。

小柴昌俊清楚地记得,他在夏威夷港口的自动售货机上买了一罐饮料,那罐子非常之大,是在日本从来都没有见过的。饮料很甜,非常可口。他甚至夸张地想象,如果跟每天都喝这种饮料的人较量,必定会输吧!这些有趣的遐想,连他自己都觉得奇怪。

从夏威夷出发,再乘横穿大陆的火车经由芝加哥,最后才到达了小柴昌俊向往已久的罗切斯特大学。这是一次难以置信的长途旅行,小柴昌俊却完全不觉得累,或许是因为年轻,或许是因为紧张,又或许是因为对未来有太多憧憬而忽略了劳累。

在小柴昌俊的眼中,一切都充满着新鲜感。那时的美国人,特别是罗切斯特人都很庄重、文雅,这是他们给小柴昌俊留下的第一印象。

当时在美国的日本人非常少,整个大学同年级物理系只有三名日本人。医学部里也只有一个日本人,这样的状况不禁使小柴昌俊感觉有些孤单。

不过让小柴昌俊高兴的是,在美国的大学当助教的学生是有工资的，每个月的收入大约是一百二十美元，税后大约还能剩下一百零八美元。当时，一百零八美元可以换三百六十日元，在黑市上甚至可以换到五百日元。这笔钱几乎相当于日本东大教授的工资了，而且在这里的助教还是免学费的，这实在是划算极了。

当然，也有其难处。首先，住的地方需要自己找，其次，这里的物价要比日本贵很多。

最重要的一点就是，在这里只能学习，不能够再打工了。这让小柴昌俊快乐——他终于可以静下心来去学习，但同时也给他带来了烦恼。

一百零八美元虽说折算成日元之后可以在日本过很好的生活，可是他如今所在的地方却是美国，现实情况并不乐观。因此，为了维持下去，小柴昌俊不得不尽可能地削减自己的伙食费和生活费。虽说日子过得清苦了些，但他还是很开心，这样强行地被要求不再打工，使他有一种解放的感觉。这是他第一次可以真正地埋头刻苦学习，这样好的学习环境也是他从前所不敢想象的。

在美国，研究生每个月有一百二十美元的津贴让小柴昌俊倍感幸福。紧接着，他得知了一个更加令人兴奋的消息。据前辈们说，如果拿到了学位证，每个月的津贴就可以涨到四百美元了。

听完以后，小柴昌俊激动不已，四百美元的津贴已经快要赶上日本大学教授四倍的工资了。小柴昌俊在心中暗暗地为自己加油："努力啊，一定要尽早地拿到学位，这可要比打工补贴生活费的效率高得多啊！"

高额的津贴补助让小柴昌俊热血沸腾，他为自己定下了目标，并且要求自己一定要完成。

3. 至今未被打破的世界纪录

在进入罗切斯特大学一个月后，学生们第一次接受了由五名教授参加的口头考试。当然，小柴昌俊也在其中。

这是一次关于决定每位学生所需学习课程的审查。小柴的考试结果还算不错，相比在东大时候的成绩，现如今的成绩已经足以让他兴奋了。然而这还远远不够，因为真正的实验还没有开始，他们还需要做一些准备，一些让小柴昌俊有些头疼的准备。

学生们要接受连续一个星期的资格考试，而后才可以开始准备学位论文。并且这其中还有一个问题，就是每一个学生既要完成考试也要通过两门外语考试。

得知这一消息，小柴昌俊叫苦不迭。本来英语还算不错，可这是在美国，英语又怎么能算得上是一门考试的外语呢？那么作为一个日本人，日语也必然不会列在其中了。最后，学校提出要求，日本学生必须要通过德语和法语的考试。

小柴昌俊松了一口气，他庆幸自己在一高的时候曾经把德语作为第二外语，而且还是必修课。另外，他在高中时期也自学过一段时间的法语。临阵磨枪，最后小柴昌俊总算是勉强通过了考试。

很久以后，当小柴昌俊再一次回想起那段经历的时候，他还是止不住冒冷汗。他总是爱设想，假如自己的人生中有那么一小步改变了，或许在后来他会是另一番模样了。

在罗切斯特大学，小柴昌俊研究的课题是"核胶片在宇宙实验中的应用"。幸运的是，这个课题他在之前就有过一些研究，这样一来，他就会很快上手。

随后，小柴昌俊领到了核胶片，然后便独自去琢磨和分析了。让小柴昌俊感到意外的是，所谓的写学位论文，简直就是一个个人的工作，根本不是他原本设想的由一个团队共同合作分担任务。既然事实如此，他便一个人一心一意地在那里研究。

能够专心地投入到一件事中是幸福的，那段日子里小柴昌俊就是这样的感受。他从早到晚都待在实验室里，即使回到公寓也是简单地弄一点吃的，那个时候他没有钱买菜，因此大多数时候他吃的就是米饭和酱油，他将酱油浇在泡菜上就算得上是副食了。不要觉得这样的伙食很糟糕，因为在当时的美国，米和酱油的价格也都不便宜，这已经是小柴昌俊能够吃上的最奢侈的伙食了。

填饱肚子之后他便又回到实验室里继续研究，一直到深夜，日复一日。

小柴昌俊的导师是加伯伦教授，他是一位和蔼的老师，经常给予小柴昌俊无私的帮助，令他至今都记忆深刻。

来到罗切斯特大学的半年之后，小柴昌俊收到了来自日本的一封信，是由弟弟寄来的。弟弟在信中说，他现在只有两年的学费，如果不能交上学费他就不得不退学。总之，弟弟最终要表达的意思就是希望小柴昌俊能够给他寄钱过去。

这封信让小柴昌俊陷入了窘境，因为他每月所得到的补助，竭尽全力地节省才勉强够他自己的开销，完全没有富余的钱了。而弟弟面临这样的困境，自己又怎么能忍心不去帮助而眼看着弟弟辍学呢。再三思量，小柴昌俊决定向自己的老师加伯伦求助。让他高兴的是，老师没有一点儿犹豫，马上就给他拿了一百多美元。

小柴昌俊非常感激，他觉得加伯伦老师根本不认识自己的弟弟，却能慷慨解囊，并且这个借钱的人还是一个在刚刚结束的战争中处于敌对的国家的人。小柴昌俊在那一刻深深地感受到了美国人的宽宏大量，他高兴地把钱给弟弟汇过去，解决了弟弟的学费困难。

小柴昌俊在罗切斯特大学一年零八个月没有学费，只有补助。在这期间，每次小柴昌俊资金周转不过来的时候，加伯伦老师总是会慷慨解囊，给了他极大的关照。小柴昌俊深刻地感受到美国人的友爱，只要是他们信得过的人，他们就会表示欢迎并乐意交往下去。

不仅仅在物质上，加伯伦老师更在精神上给了小柴昌俊许多鼓励和支持。在小柴昌俊看来，老师既是师长，又像是他梦寐以求的慈爱的父亲，在小柴昌俊迷茫的时候，加伯伦老师总会微笑着安慰他，给他注入新的力量。

后来，在小柴昌俊获得诺贝尔奖之前半年，加伯伦老师去世了，这让他感到非常遗憾。在他获奖后，加伯伦老师的女儿在发来的贺电中讲道："如果父亲还活着，不知会多高兴呢！"

这句话让小柴昌俊感慨万千，加伯伦老师走了，使他伤痛不已。曾经在一起相处时的点点滴滴还清晰地在脑海里浮现，他的笑容是那样和蔼，并且总会让人有种沐浴在阳光中的感觉。在当时，他的女儿还只是个两岁多的可爱小姑娘，转眼间，一切已经远不是当时的模样了……

第五章　自力更生

1. 芝加哥大学的橄榄枝

在加伯伦老师的指导下，小柴昌俊顺利取得了学位。他的论文题目是《宇宙射线中的超大能量现象》。

完成论文并取得了学位当然可喜可贺，不过更让人惊叹的是，在获得学位的同时小柴昌俊也创造了一项纪录，从他来到罗切斯特大学到取得学位一共用了一年零八个月，而这个速度在罗切斯特大学可是创下了取得学位时间最短的纪录。并且这项纪录至今没有人打破。当然过程的艰辛也是他人无法想象的。

虽说没有其他学生生活多姿多彩，但是小柴昌俊觉得自己来到罗切斯特大学的目的就是学习，因此，即使在生活单调的情况下，他仍旧感觉很充实。对于小柴昌俊来说能够为自己的目标去努力，远比做任何事情都幸福。

在即将取得学位的时候，小柴昌俊便开始向一些比较著名的大学发出申请，他希望能够在取得学位之后求得一个职位。这正是他的高明之处，未雨绸缪，随时为自己的下一步做好准备。规划自己的人生。这样，机会也会给予他更多的青睐。他的准备没有白费，很快，他的机会就来了。

令小柴昌俊高兴的是，他收到了来自芝加哥大学夏因教授的邀请。

夏因教授是当时研究宇宙射线的权威。他认真地问："您是否能够转到芝加哥大学继续您的研究？年薪六千美元。"就是这简短的几个字，却让小柴昌俊足足兴奋了好久。

想到刚刚踏上美国土地时那种无助迷茫，这些话让他觉得像是在做梦一样。他从不敢想象今天的路会走得如此通明透亮，他似乎隐约看到了前面大片的光明。

这样一个梦寐以求的美差，小柴昌俊当然很乐意接受，于是在与加伯伦老师话别之后，简单地收拾了一下自己的行李，收拾好自己的心情，小柴昌俊带着无限的憧憬和期望赶往了芝加哥大学。芝加哥大学可以说是小柴昌俊新的里程碑，也是从那时候起他摆脱了艰辛，开始了真正属于自己的生活。

在芝加哥大学的三年里小柴昌俊过得非常愉快，他觉得那是他人生最为自由的一段时光，不菲的收入使他再也不用为钱发愁了，并且他有了充足的时间去发展学习以外的兴趣，这是他从前不曾想象的。他租了一间宽敞明亮的大房子，并且还为自己的住所进行了小小的设计。这让他觉得心情舒畅，他还买了一辆克莱斯勒轿车，买这车不光是为了方便旅游，还是为了在观察宇宙射线时追赶气球用。

那时候已经开始有录音磁带和LP盘了，想到自己小时候对音乐的迷恋，也曾有过一个美好的音乐梦，他便心情激动地买来唱片，沉迷地听起来。音乐总会让小柴昌俊陶醉在其中。

芝加哥交响乐团是全美首屈一指的管弦乐团，小柴昌俊有时候会去听他们演奏古典音乐会，有时候也会去听新奥尔良的爵士乐。虽然他从事的事业和音乐毫无关系，但是对于小柴昌俊来说，对音乐的爱是在小时候种下的种子。并已经在他的心里扎根，只要他的心脏还在跳动，他就永远也放不下对音乐的爱。

那时，小柴昌俊觉得最自在的事情就是一边喝着啤酒，一边听着磁带里播放的古典音乐。他有时候还会把那些空着的啤酒罐一个挨着一个摆在厨房里，可以铺满整个地面。这是他的乐趣，一个大男人最自由和惬意的享受却是如此简单的事情。

在芝加哥大学里，豁达的夏因教授允许小柴昌俊自由地从事研究，这给他一大片自由发展的空间，他可以试验他那些新奇的想法，他可以尽情地大胆设想而不受干扰。所以，小柴昌俊在一片自由领域里，像树木一般自由地生长，慢慢地成为一棵参天大树。

在芝加哥大学这三年时间里，小柴昌俊完成了《宇宙射线是由什么组成的》这篇论文。虽说在这之前，已经有其他人研究并发表过《宇宙元素的丰度构成》这样的论文。但是和小柴昌俊这篇论文比较起来，两篇论文在实验结果上有两处很大的不同。

小柴昌俊所测得的宇宙射线中原色非常多，这个问题一直让他很困惑，因此非常想听一听这方面专家的建议，他希望能够在专家的意见中得到些启示。

芝加哥大学有一位印度籍教师，名叫钱德拉塞卡尔，是天体物理学方面的权威专家。最开始，小柴昌俊条件反射地考虑到，如此知名的教授，他是否会为自己这个无名的学生解答呢？他会不会……一番假设后，小柴昌俊十分痛苦，不过，他渴望了解真相的心情非常迫切，这也使他最终摆脱了那些多余的假设和想象，终于鼓起勇气去请教。

教授热情地回答了他的问题："星体有各种形态，不同形态的星体其元素构成也不相同，重元素多的，大概是比较年轻的星体吧。"

见钱德拉教授如此谦和，小柴昌俊心中很温暖，他也对钱德拉教授更多了几分敬意。

谈话间，小柴昌俊和钱德拉教授探讨了更多关于物理研究的问题，这对于小柴昌俊来说，是一次极大的成长。

临走前，钱德拉教授更是亲切地送别小柴昌俊，鼓励他继续坚持自己的研究，并告知有什么问题可以随时再来找他。

从那以后，每当小柴昌俊有不懂的地方，都会去向专家求教，这是他认为要快速进步的一个非常棒的学习方法。

后来小柴昌俊自己分析，他认为这种做法可能是跟自己曾经倒数第一的成绩有关。因为常常提问题的这种做法在优等生的身上并不多见，而他恰恰因为曾经是个差等生而不耻于向他人提问，并养成了这样一个好习惯。每一个人的能力毕竟是有限的，在向他人求教的过程中可以开阔自己的思路。在听取权威人士的建议后更能够做出正确的决定，对自我发展的益处颇多。

聪明人会通过向别人学习，将别人身上的优势变为自己的优势，小柴昌俊正是恰到好处地运用了这种智慧。他向别人提问和求教并不是完全听从并依赖他人，还需要自己对问题反复思考并深刻了解后去求知。这样即使最后专家们无法做出精准合理的解释，也将会是一次很好的学习和自我提升。所以问问题也要讲究一个"度"，小柴昌俊对于这个"度"的把握就十分到位。

向钱德拉塞卡尔老师请教后，小柴昌俊也开始了关于宇宙星体的学习，并且在他的论文中添加了超新星的内容。这是他第一次接触超新星。

当时，小柴昌俊听说在日本比他年长的早川先生发表了《宇宙射线源是超新星的可能性》的论文，传闻早川先生在得知了小柴昌俊的实验结果和他极为相似的时候他非常高兴。

小柴昌俊向钱德拉塞卡尔老师请教的点点滴滴，他都记忆深刻。也正是在这一次次的学习和求证中，他得到了不断的提升，积累了丰富的经验，为他以后的研究奠定了坚实的基础。

2. 结束单身生活

我是天空里的一片云，

偶尔投影在你的波心——

你不必惊异，

更无须欢喜——

在转瞬间消灭了踪影。

你我相逢在黑夜的海上，

你有你的，我有我的，方向；

你记得也好，

最好你忘掉，

在这交会时互放的光亮。

（徐志摩《偶然》）

爱，是我们生活中不可缺少的精神支柱；爱，是一种自发的行动，是一种纯真的感情。没有爱，我们的生活就没有了色彩，没有了滋味……

爱情是这世间最美好的东西。

不久，小柴昌俊也迎来了属于他的爱情，虽没有如此浪漫，却充满了欢乐。

小柴昌俊在芝加哥的实验告一段落后，日本东大成立了原子核研究所，他也接到了出任该所副教授的邀请，任期是五年。接到邀请后小柴昌俊有些犹豫了。

虽然小柴昌俊很喜欢现在这种自由自在的生活，但是离开故乡这么多年，他真的开始思念日本了。故乡的一切开始一幕幕地出现在他的眼前。思念的闸门一旦被打开，便一发不可收拾，于是，他决定先回国去。据他的猜想，去研究所出任副教授的事情应该是身为原子核研究所筹备委员的早川先生推荐的，他也不想辜负早川先生的期望。

经过万里颠簸的行程，小柴昌俊回到了他思念的故乡。他回到日本做的第一件事情就是先找一个落脚的地方，他将这件事情交给研究所分管事务方面的人，请他们帮忙代发一份"求租"信息。这原本是一件寻常的事情，可是小柴昌俊却没想到，发生了一个意外的小插曲。

几天以后，小柴昌俊不断接到各种各样的奇怪电话，严重扰乱了他的正常生活，他急忙去问那个工作人员是怎么回事。

经过那人的解释，小柴昌俊才恍然大悟，那人出于热心写了一份非常特别的求租告示，大意是"从美国芝加哥归来的单身副教授……"打电话过来的大都是有适龄姑娘的家庭。这可真是可笑，小柴昌俊完全没有想到，他原本只想要找到一个落脚的地方，最后竟然成了一次公开的征婚行为。不过当时，小柴昌俊对此并不上心，这也让他觉得有些尴尬，所以最后小柴昌俊一一拒绝了这样的家庭。筛选过后，从剩下的十多处里挑选了一处位于三鹰紫桥的住处，就这样安定下来了。

然而，插曲只是个引子，不久之后就逐渐有人给他介绍起女朋友来，因为小柴昌俊也的确是到了该考虑婚姻问题的时候了。这次的介绍人是小柴昌俊的一对老友夫妇，在他们的极力撮合下，小柴昌俊答应了见面。

他的初衷更多的是应付朋友，但是到了那天他还是有一点儿紧张。

第一次见面是在银座的中华第一楼。小柴昌俊点了些点心，静静地等着女孩。作为一个绅士，小柴昌俊刻意早到了一会儿，不过令他没有想到的是，好久之后还是没有人来。他看了看时间，决定再等一会儿，对方如果还不来他便走人了。最后那女孩还是来了，不过她竟然是跑着进来的，好像是刚刚经历了一场欢闹的演出。进来之后，看不出一点儿羞涩和紧张，一看到桌子上的中国丸子，她笑呵呵地说："我就喜欢吃这个。"于是捡起筷子就夹了起来，不料丸子"哗啦"一下碎了。小柴昌俊被女孩的一系列行为惊住了，直到丸子洒下来之后，他才回过神儿来。

就这样，两个人还没开始寒暄问候就一同手忙脚乱地收拾起那些丸子。这样的场面当然也完全超出了小柴昌俊的预料。

回去后，朋友问今天见面的感觉怎样，小柴昌俊有些无奈地说："我见的好像是个滑稽演员吧。"

渐渐地，小柴昌俊发现了这个姑娘身上的闪光点，刻骨铭心和感天动地的爱并不一定长久。因为没有永远不变的思想，也没有永远唯一的情感，所以重要的不是爱，而是欣赏，欣赏是一种广博的爱。小柴昌俊同他的妻子能够相处得日渐融洽，也正是因为他们能够真心地欣赏彼此。

后来，他们结婚了。每当小柴昌俊烦恼的时候，妻子开朗的性格总是能够把他从烦闷中解救出来。因此，小柴昌俊对于妻子心存感激。

在小柴昌俊的眼中，爱情和婚姻对于他来说更是一种责任，他认为没有责任的婚姻是不能长久的。爱情是一盆娇贵的花朵，责任是最好的养料，这也是他一生经营婚姻的重要法宝。

3. 项目负责人

在原子核研究所任副教授大约一年以后，芝加哥大学的夏因教授又找到了小柴昌俊。他告诉小柴昌俊，现在正在计划和宇宙射线有关的国际协会合作研究项目，芝加哥大学希望他去参加。

幸运的是，日本方面同意了这个请求，这样他就有幸再一次来到了美丽的芝加哥，这个令他十分怀念的地方。

离开芝加哥已经有将近一年的时间，第一次来到这里的时候他还是单身，再次来到这里他已经成立了自己的家庭。这一年，小柴昌俊已经三十三岁了，这一次来芝加哥是在妻子的陪同下来的，两人在新婚蜜月刚刚结束后来到这里。这样一来，和之前一个人的生活也就截然不同了。

那些喝着啤酒听音乐的日子已经成为过去了。不过，小柴昌俊还是很高兴，因为有妻子陪伴的日子每天都很热闹。当时在美国的日本人还不是很多，也可能由于地理原因，以至于到访美国的日本人大多都会在他家里落脚。这样一来，他们认识了更多的人，听到了更多的见闻。

小柴昌俊夫妇当时住在一所比较大的公寓，每一次有客人到访他都会先去机场接客人，然后再给他们做翻译，陪同客人一起吃饭，最后安排客人在他们家里住下，服务非常周到。渐渐地，家里俨然成了私人的领事馆了。虽然，偶尔会带来些不便，但能因此结交许多朋友，在小柴昌俊看来也非常值得。

小柴昌俊夫妇十分好客，他们很喜欢与客人交流，增加自己的见闻。小柴昌俊珍惜自己的每一位朋友，他把交朋友当作人生中必不可少的精神支柱。朋友，让人心里有暖洋洋的感觉。朋友总是在陷入困境的时候挺身而出，给予援助；朋友总是用最温暖感人的话语融化心灵；朋友总是和我们一起分担忧愁、共享欢乐，小柴昌俊也乐在其中。这段时光成了小柴昌俊记忆里闪光的一页。

每天在家里的时光是快乐的，然而小柴昌俊在芝加哥所进行的国际合作研究进展却并不顺利。

为了实验，项目组甚至连航空母舰都动员了出来，把气球带到舰上，反复进行实验作业，这样做的目的是让随气球一起升空的核胶片能够暴露在宇宙射线里。

可是不幸的事情发生了，就在他们到达芝加哥第二年的一月份，夏因教授突然去世了。他是在滑冰途中倒下的，心肌梗死，那一年夏因教授仅五十一岁。小柴昌俊对夏因教授的感情非常深厚，恩师的突然去世使他有些措手不及，心痛到木然。但项目紧迫，无奈之下，他不得不强忍悲痛，思考项目的问题。

因为研究计划才刚刚开始，这个时候停下来也无妨，但是，项目是否停止要做出决定。

正在整个项目组犹豫之际，核胶片领域的世界权威——意大利的奥凯里尼博士访美，来到了麻省理工学院当客座教授。小柴昌俊非常想听一听这位权威人士对于这个项目的善后建议。

奥凯里尼博士看了整个计划的概要和进行研究的情况后认为："无论从国际意义上看，还是从学术研究的意义上看，都绝对应该继续下去。"

奥凯里尼博士给出的建议十分明确，他赞同将这个研究计划继续下去。就这样，由奥凯里尼博士主持，轮流对研究小组的每一个成员进行面试，要从中选出一位继承夏因教授职位的人。

令小柴昌俊意外的是，面试的最终结果是他被指定为整个项目的负责人。小柴昌俊当时就想，这是由十二个国家合作研究的项目，自己真的能够担负起这样大的责任吗？小柴昌俊无数次在心中自问。犹疑不定，并不是因为他不够勇敢，而是他深知这个项目关系重大。

这个项目名为国际核胶片合作计划，简称为ICEF。简单来说，就是把核胶片放到硕大的气球上面，让它暴露在宇宙的X射线中，用以调查基本粒子的运行轨迹，并对结果进行分析。

此时，小柴昌俊像是在罗切斯特大学时为了获得更多的奖学金而选择拼命学习一样，那种工作的研究的状态又回来了，不过这一次他并不是一个人在战斗。小柴昌俊接替夏因教授的工作，这就需要他在刻苦钻研的同时，更要肩负起管理整个团队的重任，领导整个团队发挥最大的能量。

事实证明，相互合作不是一件容易的事情。因为每个人都有自己的想法，况且人不是机器，人都有情感。合作水平是不同的方法和思想混杂在一起的产物，每个人都凭借着自己的经验、直觉和习惯做事，但各自的经验、直觉和习惯又各不相同。

各自不同的想法可能是一种巨大的资源，据此能够提出更多的创意和方法以供选择；但差异的存在也可能成为一种负担，使人们难以实现高效的合作。

在合作的过程中，时常会出现各种难题。在经过一些事情之后，他也摸透了整个团队的力量，了解了各种利弊，并开始引导整个团队发挥作用。

这一次带领项目的经验使得小柴昌俊锻炼了领导才能，这也为他以后的科研发展奠定了基础。

4. 回归故土

生活总是会给人很多意外，让人大吃一惊。就在小柴昌俊如火如荼地进行着研究实验的时候，他意外得知自己快要做父亲了。

这让小柴昌俊欣喜，因此在知道有一个小生命即将降生的时候，他常常憧憬做父亲的场面，也格外关注有关孩子的事情了。

得知妻子怀孕的日子，小柴昌俊每天总是喜滋滋的，而他也时刻关注着妻子和儿子。在最初仍有一种不安和惶恐，渐渐地，他习惯了这种生活，最后这种不安转化成为一种责任、义务，逐渐地成为希望，变成喜悦。

孩子出生前，小柴昌俊常常拍着妻子的肚皮问："孩子何时降生呢？"

它意味着什么？兴奋、高兴、喜悦、忧愁，更重要的是——一份责任。

小柴昌俊既惊喜，又害怕，孩子马上要降生了，他在一边干着急，直到孩子安全地来到他们身边，他的心才算落地。

做了父亲的小柴昌俊经常会不知不觉地笑起来。后来心绪慢慢地平静下来，因为他由衷地意识到了孩子的出生给自己增添了一份责任……

小柴昌俊觉得自己全身都注满了力量，他时刻勇往直前、勤恳工作。

在宝宝降生后，小柴昌俊就彻彻底底成了一个大忙人，不仅白天要在大学里进行研究实验，回到家之后又要做个好丈夫、好父亲，照顾妻子和孩子。

做父亲并不是一件容易的事情，小柴昌俊自然下了不少的功夫，也深知养儿的艰难，压在他心头的是一份责任和义务。

在小柴昌俊看来，这难度甚至并不低于他所做的实验研究。不过，他还是耐心地去做。他也对自己暗下决心，要给孩子一个温馨快乐的童年，不会像自己的父亲一样冷酷严厉地对待自己的孩子。

小柴昌俊的日子虽然忙碌，但还算顺利，这种感觉也让他觉得格外充实。这个合作项目的分析结果最终以论文的形式得到了整理和总结。

在这次的跨国大项目中，小柴昌俊积累了很多处理大项目的经验，这对于之后所开展的"神岗探测器"项目助益良多。所以，对于小柴昌俊来说，每一次研究都是一次积累，每一次研究既是为了追寻一个结果，同样也是一个过程。完成这个跨国项目之后，小柴昌俊开始思考自己的去留问题。对于他来说，这又是一个重要的选择。

算起来，小柴昌俊在芝加哥生活了足足六年，六年的时间足以对一个地方产生依赖和感情。小柴昌俊有些时候甚至会想，要是永远都留在这里似乎也不错。

憧憬之余，一种矛盾的心情在小柴昌俊的心中交错着，一方面他想要留在芝加哥，原因在前面已经说过了；另一方面，他又觉得不可能无限期地离开日本原子核研究所。究竟该如何选择，现在是要做出抉择的时候了。

小柴昌俊的内心倾向于芝加哥，但是有两个问题困扰着他。其一，是饮食问题。芝加哥是一个大城市，想要找个餐馆吃顿日本的饭菜是不难的，可是问题却在于不能每一顿都到店里去吃。他的妻子做的饭，也由于材料的原因在味道上有些差别，吃起来怪怪的。偏偏小柴昌俊是一个在精神上非常守旧的人，对本土的日本食物有着倔强的执着。

其二，是语言沟通上的问题。在小柴昌俊最初来到罗切斯特大学的时候，他就已经为自己的英语水平苦恼过。不过，在芝加哥生活多年以后，小柴昌俊的英语已经进步很多了，在宴会上可以幽默地用英语开玩笑，甚至用英语和人吵架。总之，日常的沟通已经完全没有问题。年轻时，仅为学业努力，英语能力的强弱也并没有太大的影响，而如今小柴昌俊作为一名教授，在教授会议上围绕人事安排进行一些微妙的争论，这时候，语言就相当重要。每当这种场合，小柴昌俊的英语弱势就暴露无遗，并且，小柴昌俊的地位越是上升，这种弱点也就会越明显。

经过一段时间的深思熟虑，小柴昌俊选择了回归自己的故土——日本。

这个决定让小柴昌俊的朋友们都非常吃惊，他们觉得小柴君的脑筋一定是出了问题。有朋友质疑地问："在日本的工资只有美国的二十分之一，为什么要抛弃高薪呢？"

也有人说："怎么？你就这样讨厌美国吗？"

小柴昌俊的朋友们都非常担心他的未来，他们都很难理解小柴昌俊的决定，因为这于情于理都说不通。他在美国与日本的收入的确相差甚大。

而这些因素，小柴昌俊又怎么能没有考虑到呢，即便是在这样的情况之下，他还是决定了要回到日本去。他的决心已定，任凭朋友们百般劝说，他还是执意要回去。最后，朋友们也只能成全他的选择，给他以祝福。

为了给小柴昌俊践行，芝加哥大学特地把一块核胶片的底版送给了他。

这块底版有暴露在宇宙射线中的那个极大的底版五分之一大，小柴昌俊当时揣测，也许他们是希望小柴昌俊回国后能继续这项研究吧。

第六章　积蓄力量

1. "也许它就是中微子"

阔别三年，小柴昌俊又回到了日本的原子核研究所。

在回到研究所之后，他面临的一个问题，就是如何分析从美国带回来的那块核胶片。对此，小柴昌俊提出了自己的意见，可是这位海归学者似乎显得与当时的日本专家们格格不入。

当时的小柴昌俊还很年轻，不管别人是怎么把他称为"海归派"，不管他吸收了怎样先进的思想，在那些顽固的日本权威学者的眼里，小柴昌俊也只不过是资历尚浅的后生。他的意见他们并不放在眼里，因此，言语之中也必定会带着许多轻蔑和不屑。

对于这样的态度，小柴昌俊很愤慨，他只希望专家们能秉承尊重科学的思想，认真对待他的意见。

气愤之下，小柴昌俊直率地指出了这是他在美国工作时产生的想法，周围的气氛又开始变得诡异起来，大家的表情都在向他传递着同样一种信息——在他们的眼里他只不过是一个很能吹牛的家伙。这样的信息更是让小柴昌俊感到委屈和恼火，他讨厌极了这种被质疑的感觉，因为他们的眼光而被排斥，这是让他难以接受的。

这样的反应，着实让小柴昌俊感受到了日本与美国之间的一些思维差异。在美国，这样的情况是完全不可能出现的，无论是成功的学者，还是学术权威等等，不管你再怎么厉害，学生们也都会不断提出他的疑问，并且坦白地指出你在思考方法上的错误以及漏洞。如果真的有哪个教授因为被质疑而生气或发脾气，这只会招致周围的一片笑声。

小柴昌俊认同这种方式，他也习惯在这样的氛围下进行学习和研讨。无论是质疑的学生还是被质疑的教授，由于他们的最终目的都是一致的，因而在讨论的时候也就不会掺杂个人感情。他们的心中也都十分清楚一个普遍认同的道理，这样相互指出问题所在，才可以把他们的思维引向一个正确的方向，这也是质疑存在的道理。只有这样，科学才能进步。

这样难道不好吗？为什么日本不可以用这样一种好的方法去进行科学研究？这让小柴昌俊十分不理解。对于在日本出现的这种尴尬状况，小柴昌俊表示伤心和遗憾。

"怎么能够指责权威们说的话？他们的话可是一句话顶上一万句的真理。"整个学术研究界浸泡在这样一种声音里。就这样，许许多多真知灼见都被这种声音淹没掉了。这样一来，科学研究就很难有大的发展和突破。对于小柴昌俊这样一个无比热爱祖国，热爱学术研究的人，他怎么能不心痛呢？

爱国是小柴昌俊不变的情怀，但是为了追求真理，小柴昌俊觉得美国式的自由讨论是更加合理而有效的。

因此，不管别人怎样看待，小柴昌俊还是坚持按照自己美国式的讨论习惯，直接地提出了自己的意见，结果专家们都张大了嘴巴，面面相觑。

那些固执并不是一下子就能被击碎的，因此小柴昌俊和几名日本的权威们大吵了一架。也就在这个时候，小柴昌俊在原子核研究所的五年任期快要到了，他也真的深深厌倦了这里。

此时，东京大学位于本乡的物理教研室公开招聘副教授，小柴昌俊决定去应试，这一次，没有人推荐他。但是这点小困难是完全难不倒坚强的小柴昌俊的，他随即决定自我推荐。并且，他已经做好了打算，如果这一次没有成功，那么他就再次启程去美国。这样盘算好后，他的心里也舒畅了许多。

尽管在是否录取小柴昌俊的时候产生了一些争议，但最后他还是被录用了。

后来，小柴昌俊在回顾自己的人生时认为，到东京大学物理教研室做副教授，是他走向"神冈探测器"的第一步。

小柴昌俊的新工作岗位是位于本乡的物理教研室，至于头衔，还是和之前的一样，都是副教授，不过这些都不是小柴昌俊在意的。

来到这里之前，小柴昌俊认为，如果真的有幸被聘用的话，给个怎样的头衔倒不重要。因为，他强烈地感觉到，在这个自己曾经学习生活过的地方，他或许能够做些新的事情，找到一些新的灵感。也就是这样，他带着一种新鲜的期待走向本乡。

在物理教研室里，小柴昌俊拥有了一间自己的研究室，但这只是一个空房子，一切都需要着手布置。即使是这样，他仍然很高兴。

小柴昌俊在物理教研室担任本科生和研究生的老师，他第一次讲到宇宙射线，是在他给研究生们上课的时候。

教室里有一面宽大的黑板，小柴昌俊在黑板的左端写上大大的"宇宙"二字；然后又大跨步走到了黑板的右侧，写上了"基本粒子"几个字；最后他指着黑板中间说："就是这个中间的部位把这两端联系起来的地方，也正是我们的愿望所在。"说这话的时候，小柴昌俊的情绪非常激动。

现如今，中微子天体物理学是以日本的神冈为中心的。在今天看来，当时授课是相当富于预见性的，仿佛是给人留有深刻印象的一道风景线。

那一节课深深地扎根在了他的记忆里，成了一枚实验的"卵"。

虽然这种想法正在酝酿之中，但小柴昌俊有兴奋的事情他就必须一吐为快，所以在刚刚上任之际，他便将自己的想法大胆地展现给自己的学生们。

当时，学生们都愣在那里，直到后来，一些同学回忆的时候对此印象非常深刻，他们都认为这是老师最爱提的话题。有时候他会连续提很多次，有时候刚刚说完一遍，过一会儿又重复了一遍，并且始终如此兴奋和激动。

不管怎样，学生们毕竟记住了这节课，这让小柴昌俊很高兴。尽管由于当时缺乏确凿证据，这只能被称为一种臆测，但那确实是在他的头脑中盘旋已久的题目了。

从那以后，小柴昌俊的日子又开始忙起来了。他既要给东京大学的学生们上课，自己还要从事研究事业。也因此，他又开始矛盾了，因为又到了该做选择的时候。

一方面，小柴昌俊想，他在芝加哥大学一直从事核胶片研究，这个项目在日本完全可以在一流水准上继续十年左右。另一方面，小柴昌俊希望自己的学生们也能够享受到这种实验的美妙和乐趣。

为什么说这两件事情是矛盾的呢？核胶片实验无疑是一个美妙的研究，但是单纯从事这项研究不利于学生们积累实验方面的经验。

核胶片的研究已经经历了很长一段时间，但在当时还处于用显微镜进行观察和分析的阶段。

沿着这个方向进行下去的话还会有各种各样的尝试，但是在这个阶段，如果让小柴昌俊实验室的学生去做的话，他们就只能去看显微镜了。

这种情况真的对学生有好处吗？这是小柴昌俊一直困惑的问题。因为他要做的事情，会在很大程度上影响学生们的未来，所以他不得不谨慎一些。

虽然从事核胶片的研究可以写论文，但是小柴昌俊担心的是，凭借胶片研究取得学位的学生们将来要到大学或者研究所谋职的时候，由于所学单一，没有充分积累电子工程学方面的实验经验，会处于非常不利的境地。

不仅仅这样，小柴昌俊还考虑到每一个人学习热情的问题。如果真的仅能通过显微镜进行研究的话，学生们是否还能保持对于物理学的浓厚兴趣和执着追求呢？这也是一个十分关键的问题。

最终小柴昌俊觉得还是先把核胶片的研究放一放，应该从一些新的电子工程学方面开始着手，并通过这样的一种方式来锻炼学生们。然而，这个时候，问题再一次出现了，究竟要从哪里下手呢？

2. 寻找夸克

小柴昌俊经过再三的思考，决定首先开始"探明宇宙射线中的夸克"的实验。

夸克究竟是何方神圣呢？众所周知，原子核是由质子和中子构成的，而构成质子和中子的就是夸克，也就是最为基本的粒子。

在西川哲教授的帮助下，小柴昌俊同他的学生们有幸在他的研究室与他们共同进行此项研究，西川研究室在电子学实验方面经验非常丰富。

在这一项目中，大家共同探讨了让学生们得到良好锻炼的实验方法。小柴昌俊认为，最重要的还是在于大家在实验过程中全身心投入。因为在这样一个项目中，他认为最为重要的不是最后的成绩和结果，而是过程中的思考和锻炼。

他们所想到的实验题目就是，如何辨别用液体闪烁计数器这类检测器都很难识别出的物质。

在当时，有一种非常小的实验装置，叫作射光室，当带电的粒子通过该核装置的时候，沿着粒子的飞行轨迹可以看到发光的粒子。

最后，经过实验组成员的反复讨论，最终明确了实验的方法及目标。

当目标明确下来之后，小柴昌俊和当时的助手须田英博君一起开始做起准备来。

经过一番努力之后，他们终于制造出了性能良好的射光室装置。他们在西川研究所制做出的液体闪烁计数机基础之上，再利用自己制作的射光室装置开始进行各种实验。

这显然是一种非常实用的好方法。借他人之力，是成功路上必不可少的运筹方法。

在当时，寻找夸克是一种相当艰难的实验。并且，在全世界，用液体闪烁计数器寻找夸克的实验已经进行了很多，但监测出来的究竟是不是夸克，则很难明确地进行判断。

也就是说，在当时，即使监测出了疑似夸克的物质，也很难确定那究竟是不是夸克的真身。

但有了射光室结果就不一样了，因为通过它，几乎可以确定所见到的是否为真正的夸克了。

就这样，小柴昌俊这一组人逐步拨开了层层的乌云和迷雾。经过共同的努力，实验取得了非常棒的结果。

这一次通过合作实验而得到的数据已经记录在了"微粒子数据库"中，这个数据库中集中了世界上最基本粒子最尖端的实验数据。更让他们没有想到的是，这一次实验数据一直保持着最优异的记录成绩。

小柴昌俊非常开心，他觉得这一次实验的意义已经远远超出了他最初的设想。并且在后来，参加这个实验的硕士研究生福岛君在完成硕士课程后去了美国普林斯顿大学留学，还在那里获得了博士学位。

3. 神岗矿山

《圣经》说上帝要约拿到尼尼微城去传话，这本是一种崇高的使命和荣誉，也是约拿平素所向往的，但他又感到一种畏惧，害怕自己不行，想回避即将到来的成功，想推却突然降临的荣誉。这种成功面前的畏惧心理，心理学家们称之为"约拿情结"。

在面对一项重大的研究之时，小柴昌俊也难免会受制于此种情结。

在射光室进行的实验获得了成功之后，学生们对电子学方面的操作方法也逐渐熟悉了，他们也开始体验到实验的乐趣所在。

这样的情况也正是小柴昌俊所期待的。实验成功以后，他们下一步要进行电子方面的实验，这一次实验的地点就是位于岐阜县神岗矿山的地下。也就是从这里开始，小柴昌俊开始与神岗打交道，并结下了不解之缘。

这一次，小柴昌俊并不敢贸然行事，在实验之前，他做了非常周密的计划。

在此之前，通过对核胶片的分析，已经预测到了例如铁的原子核在宇宙射线中虽然含量很低，但是这种能量非常大的物质一旦闯进了大气层，就会在大气层的高空中形成数根μ粒子束。

小柴昌俊考虑到，如果真的是这样，那么这种能量很高的μ粒子在进入地下深处之后，即使是很深很深，也应该能够看到十根到二十根μ粒子束吧。当然这仅仅是在实验前的预测分析，并且这其中也一定会有缺陷，一些多年从事宇宙射线实验的前辈们在当时就提出了相反的看法，指出并不会看到十根，运气好的话也就能看到两根。

小柴昌俊想，这也不是没有可能的，但真的用了新的实验方法，那么一定会出现很多对新实验的反对和不屑。并且，在开始的时候标新立异，往往会存在诸多缺陷。如果真的做下去，一旦出现问题，就会使人丧失斗志。他既想要取得成功，却总是伴随着一种心理迷茫。

每一个正走在成功路上的人，都会有一种不安、焦虑、慌乱。最终，小柴昌俊决定按照自己的想法进行下去。

实验地点选在了神岗矿山。

神岗矿山有着一段古老的历史，据老人们说，神岗矿山在奈良时代的养老年间出产黄金，并且被进献给天皇。这座矿山挖掘的鼎盛时期是昭和三十年，大量优质的铅和亚铅被挖掘出来，开采矿山的人就住在这附近，好景不长，慢慢地，矿山的资源越来越少，繁荣的时期犹如逝水东流般一去不复返了。

当时三井金属公司的社长向小柴昌俊一行人介绍了矿山的情况

之后，大家都觉得这是个适合做实验的地方，并且当即决定把这里作为实验平台。

神岗矿山有非常坚硬的岩石和丰富的地下水资源，这些也为后来的神岗探测器的实验提供了得天独厚的有利条件。从产业的角度来看，神岗矿山已经是没有用处了，但是从实验的角度来看，这儿俨然又成了一座"大金矿"。

在神岗矿山做的实验果然不负所望。一切进行得都很顺利，最终实验出现了十八根 μ 粒子束，与最初的预想基本相同。

这个实验结束是在1960年年末，这也是学生们成长最快的一段时期。小柴昌俊为此感到很欣慰。

4. 新西伯利亚的诱惑

在神岗进行实验期间，小柴昌俊一直在世界各地奔波，极为忙碌。不过忙碌之中收获也是不小，因为小柴昌俊在莫斯科出席了一个国际会议。在这次会议上，小柴昌俊受到了当时苏联著名的加速器学者布德凯尔教授的热情款待。

在这之前，小柴昌俊并不认识布德凯尔教授，但是他却深知当时布德凯尔教授正在新西伯利亚研制正负电子对撞装置。担任日本学术会议会长职务的朝永先生到新西伯利亚考察的时候见到过布德凯尔教授，与他交谈时无意中提起了小柴昌俊的一些研究。

小柴昌俊也正是从朝永先生那里得知了布德凯尔先生的实验成果。因为有过间接地了解，所以在会议结束之后，布德凯尔教授设宴款待他们。

布德凯尔非常认真地说："我正在新西伯利亚研制正负电子对撞装置，如果有兴趣的话，欢迎你的小组也参加进来，让我们来一个国际合作吧！"

布德凯尔教授此言一出，小柴昌俊非常高兴，但他还是按捺住自己心中的兴奋："让我们考虑一下吧！"随即便启程回国。

在途中，小柴昌俊的脑海里又反复地考虑着，令正负电子进行对撞的这种实验对基本粒子方面的研究究竟会有怎样的影响呢？他越想越着迷，他深深地被布德凯尔教授的建议所吸引。

但是，当时日本和苏联的关系非常紧张，不可能轻易地让小柴昌俊率领自己的研究组登上飞机，飞往苏联去做实验研究。这让他很无奈。

小柴昌俊迫不及待地想要飞去新西伯利亚，不过想要将这一想法实现非常困难。小柴昌俊知道，这要比不顾前辈们反对在神冈矿山做实验难度大得多。究竟该怎样做才好呢？这让他非常苦恼。

思来想去，小柴昌俊决定去拜访曾经担任过东大校长的物理学家茅诚司先生。

茅先生温和地对小柴昌俊说："这件事光烦恼是不行的，无论如何都要去现场看一看，不是亲眼看到这个研究是怎么一回事就无法判断好坏。差旅费的事不要担心，就邀请像你这样的专家们一起去看看吧！"

对于这样的回答，小柴昌俊非常高兴，并且对茅先生开阔的胸襟和坚定的态度表示敬佩。

从这之后，小柴昌俊加快了该事的进程。他邀请了计算机专家后藤英一先生，加速器专家小林喜孝先生，还有研究粒子监测器的福井崇时先生三个人，并且也得到了他们同赴新西伯利亚的应允。

于是，这四人来到了茅先生介绍的三菱基金会所属的"星期五会"，请求该会资助这一次出国经费。

"星期五会"的负责人社长先生说："一直想去拜会小柴先生一次。据说你们想到苏联去考察正负电子对撞实验，假如日本的科研人员参与这类实验，这样做对日本产业界会有什么实际的好处吗？"

听到这个问题，小柴昌俊一愣，因为这个问题要回答得恰到好处确实不容易。他在心底盘算着该如何回答。

小柴昌俊有些不安起来。

最终，小柴昌俊决定坦率地讲出事实，因为他无法违背自己的原则而撒谎。于是，他直截了当地告诉社长，这个实验要发挥的巨大作用恐怕要在一百年之后才可以见到。

当时另外几个人听了这样的回答，都为小柴昌俊捏了一把汗。

在这时候社长却露出了笑容说："这是个坦率的答案，我看行了！一路顺风！"

一边说着，一边就把差旅经费交给了小柴昌俊。

小柴昌俊松了一口气，他为自己感到庆幸，又不禁深深地感叹，在当时的日本还有几个人能够有这样的肚量。

带着许多人的殷切希望，这一行四人踏上了前往新西伯利亚的旅程。到达了新西伯利亚后，几个人都迫不及待地参观了现场，他们都认为这是一个非常有吸引力的实验，也不枉千里迢迢的奔波。

小组成员对于能够制作出正负电子对撞这样实验设备的布德凯尔教授的天才能力感到惊讶，尽管这个实验从计算机和电子工程学的角度看还稍显不足，可这已经无法阻挡他们对于这个实验的兴奋和对布德凯尔教授的敬佩。

在他们参观之时，布德凯尔也提出了一些关于实验研究的建议，小柴昌俊对他的建议非常重视。

回到日本之后，小柴昌俊立刻向茅先生汇报了考察的内容以及自己对此实验的看法，并表达了自己想要参与其中的强烈愿望。

在听了小柴昌俊的一番汇报之后，茅先生对此事也重视起来。他找到了外务省，并对负责人说："如果情况属实，希望外务省能够认真地讨论一下这个项目的可行性。"

通过一番努力，合作项目得到了日本政府的认可。接下来，能否成功合作就取决于苏联政府的态度了。

该项目的具体负责人布德凯尔教授做出了积极的响应，可是，当时的国际交往和世界形势给这次实验研究造成了很大的阻碍，也因此，小柴昌俊这一组人只可以代表日本一方做出一些有利于合作研究的准备。

首先需要做的是向文部省申请国际合作研究经费的预算。在此之前，东大物理教研室已经提出了很多项目预算申请。那么，这就必须确定项目的优先顺序，然后按照顺序进行申请。

但是当时文部省对布德凯尔教授提议的正负电子的对撞实验，持否定态度的人占了多数。

"迄今为止，正负电子对撞实验究竟有何发展？不过是再一次验证了量子电子的力学的正确性。即便想要对强力撞击下的基本粒子进行研究，还是无法搞清楚它的详细情况。"

可想而知，讨论的结果便是驳回了小柴昌俊关于加入正负电子对撞实验的请求。

不过也并不是所有人都反对，令小柴昌俊欣慰的是，西岛和彦这位理论家和他站在了同一阵线。

西岛和彦肯定地说："物理这东西就是有一些不做就不能够明白的地方。"

西岛先生的态度非常坚定，他列举了诸多例子证明自己的观点，意思就是说，有很多实验都是实验者在盲目的情况下就参与其中，最后也取得了不同程度的效果，何况这一次，苏联的权威专家布德凯尔教授已经向我们伸出了合作之手，所以不管怎样，进行这一次实验还是很有价值的。

西岛的一番话起了不小的作用，在西岛先生的帮助下，预算申请才获得通过。就这样，小柴昌俊开始购置计算机，为实验做准备了。但是，当时的苏联政府对于此事的态度并不明朗。

事情就这样被一直拖延，此时布德凯尔教授却因为心脏病发作住进了医院。

小柴昌俊得知消息后十分惊慌，再也顾不上什么实验的准备工作了，他和小组中的几个人一同飞往新西伯利亚去看望布德凯尔教授。

在布德凯尔教授的病房中，小柴昌俊得知了苏联政府明确的态度。他们表示当前要以布德凯尔教授的身体为重，这一次国际合作项目只能够遗憾地中止了，等到教授身体恢复以后再行商议。

结果令小柴昌俊十分沮丧，之前经历过那么多波折，好不容易才得到了日本政府的支持，眼看着就可以开始大展拳脚进行这一让人兴奋和向往的实验，而此刻，这一切却戛然而止。所有的热情都被冷却了，情势也急转而下，这着实让小柴昌俊心里很难接受。

5. 欧洲巡回考察

这一次正负电子对撞实验的计划已经由三菱基金提供了差旅费，并且排除了多方反对意见通过了预算，可谓准备充分。小柴昌俊觉得机会就这样白白溜掉实在是可惜，并且，他不想轻易放弃这个很有意义的实验。

小柴昌俊再三思考之后，觉得这个项目不能就这样简单地一笔抹杀。他把自己的想法告诉了西岛先生，没想到两人的想法不谋而合。为了寻求基本粒子国际合作实验的可能性，两人当即决定去欧洲的各地进行一次巡回考察。

就这样，一场关于实验的旅行开始了，他们带着满心的期待出发了，第一个目的地就是意大利。

两人来到了位于罗马近郊的普罗斯卡缔，考察了正负电子对撞实验装置。遗憾的是这个实验在两人到来之时已经接近尾声了，因此，对于他们的计划没有多大意义。

虽然有些失落，但也在预期之中，他们接着转向了第二站——瑞士的日内瓦。

这一次两个人参观的是欧洲核子研究中心。当时这里正在进行关于质子之间的对撞实验。

进行这个实验的一员——中治折户君，是从小柴昌俊的研究室里派来的。因此，小柴昌俊对这个实验有了更深、更全面的了解。

随后，小柴昌俊告别了瑞士，又奔向下一个地点——德国汉堡。

这一站，小柴昌俊和西岛先生要参观的是德国电子加速器研究所，这是一所德国国家的研究所。

这一次非常幸运，因为德国电子加速器研究所恰好正在研究正负电子对撞实验。与此同时，还有两个实验正在进行前期的准备工作，而且其中一个实验项目的准备工作刚刚开始，很多事情还未敲定。

在德国电子加速器研究所分管科研的理事是罗尔曼，他曾经是小柴昌俊在芝加哥大学担任项目负责人时的一名属下。据小柴昌俊了解，罗尔曼是一个脾气温和且做事认真的人。

还在芝加哥的时候，那时罗尔曼新婚不久，在生活上稍显拮据，小柴昌俊在得知情况后，尽可能地提高了他的工资，像一个大哥哥一样照顾他，没想到能在这里不期而遇。

在帮助罗尔曼的时候，小柴昌俊并未想过将来会获得怎样的回报，可是他的善举却为自己积累了福气。这一次，罗尔曼成了他的助力。

罗尔曼在听了小柴昌俊讲述关于正负电子对撞实验装置的事由

经过以后，他完全了解了小柴昌俊这一次访问的目的。因此，他将这次正在用正负电子对撞装置探索基本粒子结构的双臂光谱仪实验负责人维克教授介绍给小柴昌俊认识。

维克教授是一个挪威人。他热情地接待了他们，在和小柴昌俊畅谈之后，他热情地将小柴昌俊在日本的实验小组吸纳到了这次实验中。

认识维克教授，让小柴昌俊非常开心，两个人都有一种相见恨晚的感觉。

尤其是在讨论实验研究方面，两个人总能碰撞出火花，讨论得非常热烈。这个收获让小柴昌俊非常欣喜。

在实验进行中，小柴昌俊与维克教授结下了深厚的友谊。维克教授的能力很强，小柴昌俊对此很钦佩。维克教授接连不断地取得一个又一个出色的研究成果，后来成为德国电子加速器研究所的所长。

维克教授也是泰斯拉政府电子线型加速器对撞实验计划的主要推动者，值得一提的是，这个计划已经成为当今最热门的话题。

不幸的是，维克教授在2000年意外死亡，小柴昌俊对此非常痛心。

事情进展得很顺利，日本方面很快就派来了三名研究员策划并参加这项实验。

双臂光谱仪实验是从1973年8月份开始进行的，而三个月之后就发生了粲（一种夸克）被发现的大事件。

这其中之一就是美国斯坦福大学在进行正负电子对撞装置实验时发现了粲与反粲的共鸣状态。因此，在斯坦福大学发现能量标准的同时，小柴昌俊也立刻在德国电子加速器研究所开始了实验。

计划进行得很顺利，取得了很好的效果。因此，小柴昌俊所带领的东大小组的正负电子实验方面的成绩逐渐被认可。

实验需要投入更多的人力物力，当然资金数目就更大了。据估计，需要动用数百亿日元的资金，并且还需要几年的时间进行准备工作，如果之前没有取得过卓著的成绩是很难参与其中的，不可能仅仅因为对实验的兴趣和自认为的技术就被吸纳为其中的一分子。

日本与德国、英国的联合实验组也是东大小组与海德堡大学小组组合在一起的，项目的名称JADE是与发起实验的主要成员相关联的。

正如小柴昌俊所认为的，他总是有幸运相伴，这个实验也取得了很好的收效。后来，他也因为这项实验获得了欧洲物理学会的特别奖。

在JADE项目大获全胜后，小柴昌俊一行人回到了日内瓦的欧洲核子研究中心，进行更大能量的对撞装置实验。

20世纪70年代，小柴昌俊的研究室在国内神冈矿山的"μ粒子束实验"，在欧洲进行的正负电子对撞装置国际合作实验中逐渐成为了主要力量。

在这段时期，这个小组的全体人员正朝着未来的神岗探测器默默地积蓄着力量。

第七章 从构想到现实

1. 神冈探测器的梦想

小柴昌俊研究室的成绩在逐渐进步，他们的声望也越来越高。JADE的研究工作进行得也很顺利，学生们的干劲儿越来越足，整个研究室呈现出一片欣欣向荣。

在遇到冷眼和不屑时，实力和成绩是最好的证明，这是小柴昌俊的一贯做法。曾经在浴室里他没去指责老师的轻视，如今他对那些教授更不用多费口舌，他只要做他要做的事情，取得了成绩，那教授们就再也没有指责他妄论的了。用成绩说话，这正是小柴昌俊战胜他人的一贯做法，也唯有此种方式，才能让那些曾经瞧不起你的人心服口服。

同时，小柴昌俊却并没有迷失在荣耀的光环中，他心中在惦记着自己的学生。他希望那些在研究生院已经快读完博士课程即将写毕业论文的学生们，可以去参加JADE项目。因为这样的话，他们在实验中才可以找到自己的题目去完成论文。经历过这样的项目之后，他们所写的论文也会更加有意义。

对于那些还没读博士的学生，小柴昌俊并不会这样处理。因为，如果让这部分学生也参与JADE这种高端的实验研究，他们必定会有很多不懂之处，那么就相应地会需要一些人指导，那恐怕会耽误实验的进程。

学生们的前途一直都是小柴昌俊所关注的，虽说把他们都送到国外去很难，但他还是希望学生们能有机会体验这种前沿高端的实验感受。

关于学生的烦恼会经常萦绕在小柴昌俊的脑海里。

虽然与学分没有多大关系，但是小柴昌俊希望自己的学生能够更充分地体验到实验的快乐。

有时，看着学生们，小柴昌俊总是会回忆起自己曾经在学生时代的生活。学生时期，他早晚都在打工赚钱，所以大多数的知识都是在实验课上学来的。

这时，一个新实验项目将要启动。

当时，筑波科学城高能物理研究所的菅原宽孝主任询问小柴昌俊道："这次高能想办一个用大统一理论来解释质子衰变的研讨会，但是在理论方面还不是那么有把握，所以想请小柴先生做一次有关质子衰变的实验如何？"

菅原宽孝主任的话使得小柴昌俊欣喜万分，于是，他便反复思考质子衰变实验的构想图。

所谓质子衰变的观察实验，大致可以分为两种方法：一种是用折叠铁板的方法；另一种则是用水。当时小柴昌俊倾向于后者。

经过了慎重的思考，小柴昌俊认为利用水做实验的方法更好，神岗矿山的深层地下就储存着很多水，可以从各个方向进行观察。

随后，小柴昌俊仅仅用了一个晚上就把神岗探测器的模型构想图画了出来。

虽说完成这个图只用了一个晚上，可是从时间上看来，这并不是一时兴起想出来的，而是二十年前在芝加哥留学时就出现过并一直保留至今的一个构想。所以，从严格意义上来说，这是二十个年头的心血凝结。

当年，小柴昌俊在芝加哥的恩师夏因教授突然离世，并且留下了很大一块未拆封的核胶片。可是在研究预算申请下来之前，这块核胶片需要保存。

这就出现了一个问题，核胶片究竟该放到何处保存呢？因为核胶片接触到宇宙射线之后就会变黑。当时有人提出，克里夫兰有能够采掘岩盐的岩盐矿坑，打算把核胶片存放在此，那里的矿井很深。所以，宇宙射线相当之弱，甚至连检测器都监测不到。

小柴昌俊和从波士顿麻省理工学院来的意大利人奥凯里尼教授在他的公寓畅谈了整整一个晚上。

奥凯里尼教授是核胶片方面的权威专家。小柴昌俊清楚地记得，他们一边喝着啤酒，一边激情地讨论着，当时他说："地下水非常干净，那么从上面观察一定可以看到些什么。"

"岩盐矿里光线非常暗，如果让水填满矿坑，矿坑就会饱和成食盐水的池子。既然是饱和食盐水，里面就不会产生无用的细菌的。在那样暗的池子周围，光电倍增管对准下面，如果能观察到来自下面的光亮，一般总能够看到些什么。"

奥凯里尼的话多年之后在小柴昌俊的脑海中忽然闪现，让他产生了一个大胆的想法，闪现出了灵感的光芒。由此便可证实一点，灵感是一个人长时间思考某个问题得不到答案，中断了对它的思考以后，却又会在某个场合突然产生对这个问题的解答的顿悟。小柴昌俊正是如此。

在和奥凯里尼教授聊天的那个时候，光电倍增管还很昂贵，所以要用上万根那还真是做梦。因此，这个念头只能仅仅停留在小柴昌俊的脑海里，而跃不出现实。

小柴昌俊经常对自己的学生这样说："如果你是一名研究员，平时总要考虑三四个目前还不能做，但早晚有一天能实现的研究的想法。"前面提到的设想正是他当初想做而暂时不能做的实验研究的想法。

2. 国际竞争

"物竞天择，适者生存。"这是大自然的法则，也是万物生存成长的一个基本规律，竞争在人类社会中的作用也是如此。神岗探测器的实验研究也遇到了强大的竞争对手，不过也正是因为有了强大的敌人，才使得整个实验能够加足马力，创造了最后非同一般的成绩。

神冈探测器之所以要起这个名字，是为了感谢神冈人民对这次实验的友好支持。如果这次实验真的能成功的话，神冈这个地名将会被更多人记住并永载史册。

这项实验需要很长的一段时间，因此要和当地人搞好关系。实验人员都住在矿工宿舍里，白天带上食堂做的盒饭下到巷道里去做实验，晚上就和矿工们一起吃饭喝酒。大家相处得十分和睦融洽，彼此之间完全没有隔阂。

正是因为神冈探测器的命名，促进了小柴昌俊的实验组与神冈人的友好关系。

原矿山师傅山一郎先生世世代代住在神冈，他把家里拥有的几座山都租给了三井企业，使得三井可以把神冈建立成神冈矿山。

片山先生是这个实验的爱好者，另外，由于他有土地，当东大宇宙射线研究所要在这里建研究设施的时候，他还提供了土地。这给了小柴昌俊极大的帮助，总之，小柴昌俊觉得他是一位非常了不起的合作者。

神冈探测器的实验规模极大，这套设备高十六米，直径是十五点六米的圆筒状物，位于井下一千米深的地方，在这个装置里装有三千吨水。

该实验引起了很多物理学者的关注，所以连美国也在进行观察质子衰变的实验计划。

更令人惊讶的是，有消息说，麻省理工学院的联合小组使用了七千吨水制作捕捉切伦科夫光的装置。这仅从水容量上考虑，就比神冈探测器高出一倍以上。

质子衰变研究的国际竞争尤为激烈。面对七千吨的水容量，神冈探测器三千吨的水容量与之相比，小柴昌俊倍感压力。但因为神冈探测器的场地限度只有三千吨，无论如何也不可能赶上对方的七千吨容量。

从规模上已经相差甚远，所以就算是用相同的规则比赛，也赢不了。巨大的压力就这样向神冈实验扑来，看上去面对着一个完全不可能战胜的对手。

得知这一消息后，实验组的人都倍感压力。他们工作的劲头也远不如从前，甚至有人已经出现了厌倦情绪，摆出了想要撒手不干的架势。因为从目前竞争的情形来看，他们此刻做的努力都不过是为他人的成功作陪衬而已。

小柴昌俊从来都不是一个轻易放弃的人，面对巨大的压力，他反复琢磨寻找突破，轻易地认输这从来就不是他的行事风格。他认真地对双方的情况做出比较，希望通过对比能找到一个突破口，提高日本神冈实验的竞争力。他不想在还没开始的时候就这样认输。

经过再三考虑，他们还是找到了自身可以提高的方向。小柴昌俊一组人决定要在原有的水容量不变的情况下，摸索能够提高光电倍增管精确度的手段来赢得竞争。主意是定了，但是难度却也非比寻常。

当时世界上最大的光电倍增管直径是二十厘米，而麻省理工学院所使用的光电倍增管直径不超过十二点五厘米。经过测算，以目前日本神冈探测器实验的三千吨水容量和麻省理工学院的七千吨相比较，要使用直径为五十厘米的光电倍增管才可以与其相抗衡。

最后大家一致认定应该采用奇袭战术。奇袭战术出自于日本古典名著《源氏物语》，其中第九章第一节中讲到，源义经率领三千源家军来到了鹎越山峰，从山上可以清楚地看到敌方的城郭。义经指着山下说："鹿可以从这里跳下去，同样四条腿的马肯定也能跳下去。"说着就驱马跳下了悬崖峭壁，从而一举战胜了平家军。小柴昌俊也正是想要通过这种高难度的"跨越"，出其不意地取得最后的胜利。

这一次质子衰变实验之战，小柴昌俊所在的实验组计划要在观测数据上抢在麻省理工学院前面，然后利用自己的核心优势给予最有力的反击，用细节和精准度来打赢这一场没有硝烟的战争。

在对比悬殊的情况之下，就必须加大聚光的能力，然而预算有限，不可能再增加光电倍增管的数量了。那么就只有将光电倍增管的能力增强，光将其直径增加到五十厘米，也就相当于是增加了一千个光电倍增管。

为此，实验组特地将此重任委托给了当时光电倍增管产量占全世界六成的浜松光学株式会社。

3. 光电倍增管

浜松光学株式会社在光技术方面是世界上顶尖的生产厂家。

在这之前，小柴昌俊就和浜松光学株式会社打过交道。在JADE从事正负对撞实验的时候，研究员们发现光电倍增管在磁力很强的磁铁旁边很难使用。当时折户君就找到了浜松光学株式会社，请他们开发能够在磁铁旁使用的光电倍增管。

也就是在那个时候，他们觉得，只要浜松光学株式会社愿意做，就没有什么他们不能完成的任务。

就这样，他们很快就请到了浜松光学株式会社的社长昼马辉夫先生和技术主任。在听说了要将光电倍增管的直径由十二点五厘米增加到五十厘米，两人都认为这在技术上难度很大，但并没有说绝对不可以。小柴昌俊看到了希望，因此，他想要抓住这仅有的一线希望。

首先，两者在规模上的差异太大，根本不能用机械来制造，那么就只有让玻璃匠手工制作，并且，从材质到设计等各个方面都需要重新考虑。

更难的是，由于实验要在水下进行，所以对光电倍增管又有了一个新的要求，就是制作出的光电倍增管的强度必须能够耐得住强大的水压。这样一来，玻璃材质的成本就要加大，对其厚度要求也更为严苛，误差只允许在几毫米之内。

小柴昌俊猜测，也许就是因为这些原因，昼马社长才一直不肯答应。

为了能够争取到会长的同意，小柴昌俊一组人员多次表示，在开发的过程中研究室一定会给予浜松光学株式会社必要的支持。可尽管这样，昼马社长还是在犹豫，即便浜松光学株式会社一直把"探索前人未曾涉足的领域"这样的开拓精神作为公司的宗旨。

昼马社长本人对于这项任务表现出了极大的兴趣，在谈话中小柴昌俊已经感受到，昼马社长是一个干劲十足并且很值得信赖的人。

小柴昌俊暗暗下定决心，一定要说服昼马社长。这一次的谈话已经足足进行了三个小时，技术方面的问题都说过了，小柴昌俊决定用出自己的最后一招。

小柴昌俊说："社长的生日是1926年9月20日吧，我们是同一年出生的人。不过，我们的出生日期不同，我早你一天出生，所以我就是你大哥。在咱们的国家里，对年长者说的话要老老实实地听哟！"

小柴昌俊和昼马社长的生日仅仅相差一天。虽然小柴昌俊的这番话和之前技术上的问题相比，根本算不上是理。但说来也奇怪，在小柴昌俊说完了这番话之后，昼马社长终于下定了决心说："那就试试看吧！"

昼马社长虽然说的是"试试"，并不是一个十分肯定的答案，但这对于小柴昌俊他们来说，已经算好消息了。小柴昌俊轻轻地舒了一口气，他知道这只是第一步，要想实验成功，后面还要面对很多的困难。不过，无论前景如何，他还是对自己充满了信心。

为了帮助昼马社长尽可能快地完成任务，在整个开发研究的过程中，小柴昌俊把自己研究室的铃木厚人君和有扳胜史君派去支援昼马社长的工作。

事实证明，团结的力量不可小觑，经过共同努力，一年后，光电倍增管的样品做出来了。

试用的结果证明，直径五十厘米的光电倍增管用于实验是可行的，并且可以进行批量生产。这是一个振奋人心的消息。

听到这样的消息，小柴昌俊一组人不禁欢呼，他们的实验终于有希望了。有了这样具备超强观测能力的设备，他们就完全可以和麻省理工的实验室竞争了。

样品做得很成功，昼马社长也露出了会心的微笑，因为这不仅仅是为神冈探测器的实验做出了极大贡献，也是他们公司本身技术上的一次大突破。在正式投产之后，这个直径为五十厘米的新产品会使观测能力增强一千倍以上,它的性能之高,就连天上的月亮上有一束手电光亮也能够捕捉得到。

欣喜之余,问题也同样显现出来——钱的问题。

这种直径为五十厘米的光电倍增管一个售价就需要三十万日元。但这次实验费用是日本国民的纳税支付的,所以实验组不能如此大手笔地购置光电倍增管。

于是,小柴昌俊方面开始和厂家砍价。双方僵持不下,迟迟不见成效。

情急之下,小柴昌俊严肃地说:"我们还支援了你们两名优秀的研究人员,他们应该抵一部分开发的经费,所以按照成本计算,一个光电倍增管以十二万日元为好。对不起,请无论如何都要想想办法。"

小柴昌俊话一出口,昼马社长瞪着眼睛呆呆地坐在那里,一时间不知道说什么好。昼马社长在情感上很难接受。

到最后,昼马社长还是做出了让步,最终的结果是,小柴昌俊一组人以每个十三万日元的价格支付了光电倍增管的费用。

小柴昌俊心里清楚,昼马社长帮助他们解决实验的难题,而他却不顾昼马社长的帮助和情谊,如此狠地杀价,昼马社长心中一定恨透了自己,连他自己也觉得有一些过河拆桥的意味。可是,为了实验,为了更合理地利用纳税人的钱,他也不得不狠心这样做。

在那之后的日子里,不难想象昼马社长是多么气愤,以至于昼马社长逢人便会这样发牢骚:"要不是小柴先生,我们怎么能出现三个亿的赤字!"

不过在后来,神岗探测器终于捕捉到了 μ 粒子,在那之后,昼马社长就再也没有这样说过了,因为他所收获的已经远远大于损失。

在小柴昌俊获得了诺贝尔奖后,昼马社长来祝贺的时候,说道:"开发的时候虽然是出现了赤字,但是如果把它看作是广告费的话,还是相当合算呀!"

不管怎样,小柴昌俊对昼马社长仍心存感激。正是由于昼马社长的慷慨帮助和浜松光学株式会社的努力,才生产出了直径五十厘米的光电倍增管。这种光电倍增管的实验敏感度是麻省理工学院使用材料的十六倍。

神岗探测器使用的三千吨水是由干净的地下水经过层层过滤。这种水叫作纯水,并不好喝,而且对身体也没什么益处,但是这种水比较适合做实验。并且这种方法与其他手段对比起来还不算太贵,各个方面它都是最适宜的试验品。

为了支持这个实验,许多人都做了很大的努力,因为这是很多人共同的梦想。这个实验耗资不菲,要花费两三亿日元,并且还不能够为产业发展做出贡献。甚至就算真的到了百年之后,也无法知道这个实验在商业上的价值。因此,他们更不能在实验中有半点儿马虎和懈怠。

质子衰变的实验做成功了，一定是可以获得诺贝尔奖级的大奖的，但是当时连新发现的具体证据都没有，仿佛这一切就是一场赌博。

在经历过物资匮乏的年代之后，小柴昌俊很珍惜每一分钱。而如今这一场"豪赌"的筹码正是日本国民的税钱，想到这一点，小柴昌俊的心情就非常沉重，压力也非常大。成千上万日本国民的血汗都攥在他们这个实验之中，他下定决心一定要成功。

为了对得起每一分钱，小柴昌俊总是会想方设法地扩大实验的可能性，尽可能地提高实验结果的准确性。

在为神冈探测器申请经费的时候，小柴昌俊还在附件里另外添加了这样一句话"神冈探测器实验不仅仅能够探索质子衰变，如果银河系里有超新星爆发，这种仪器还可以捕捉到释放出来的中微子。"

实际上，实现的可能性微乎其微，可是那却满载着他的希望，即使它如此渺小，他都愿意紧紧地去抓住。

1987年7月，在无数人的憧憬和期待之中，实验研究者开始向神冈探测器注入了纯水，观测也同步开始了。他们即将奔赴一个美好的发现之旅，发现那些他们渴望捕捉到的"小精灵"。无疑，参与实验的每一个人都无比兴奋。

一整天，小柴昌俊都是和学生们一起在巷道里面度过的。到了晚上，大家开始喝酒，始终都保持着高昂的斗志，期待着那惊喜的时刻的到来。所有人的心情既兴奋又紧张，却又免不了有些隐隐的担忧。

新实验的开始，其实是对各个辅助设备进行检查，例如能量校验，这些都是必不可少的步骤。

在进行这种实验的时候，宇宙射线中的 μ 粒子停在水中，可以衰变成电子。这种衰变后的电子能量是否能像理论上所说的那样是可以观测到的，这就必须事先进行检查。

小柴昌俊顿生灵感。他想：既然这样低的能量都可以进行电子观测，那么太阳释放出来的中微子与电子对撞也应该能够观测得到。

一立方厘米大约有三百个中微子存在，所以宇宙中也到处充满了中微子。因为它是呈中性，并且不带电，所以用"中微子"来命名。

1930年，奥地利物理学家泡利博士首次指出了中微子的存在。

中微子经常降落到地球上，不过它和其他等离子几乎是不发生反应的，所以它具有可以穿透人体在内的任何物质的性质。正因为如此，中微子难以观测到。在相当长的一段时期内，人们对中微子是否有质量，它是以怎样的速度运动等许多问题也完全不了解，所以人们把它称之为"幽灵粒子"。

中微子蕴藏着了解宇宙的可能性。若是知道了中微子的真相，也就可以知道宇宙的整体质量以及宇宙在诞生之初的情况。

1956年，在美国，科学家们在利用原子炉进行核衰变时，首次检测出了衰变时迸出的中微子。

1962年，科学家利用加速器反复进行基本粒子碰撞实验，成功地制造了人工中微子。但是，依然没有任何人能够捕捉到天然的中微子。

神岗探测器极力地去除其他杂质，并专门等待着中微子的到来。

水中的电子呈散射状态，对这种散射分布的电子进行观测，就可以知道进入神岗探测器中的太阳中微子到来的时间、方向以及能量分布等等，总之，结论就是神岗探测器可以观测到天体物理学中的太阳中微子。

如果真的做到了，那么中微子天体物理学就第一次在世界上树立起来了。这是一个多么令人兴奋的想法啊！这样的实验任何一名科研人员都不会放弃，小柴昌俊则更是不会让其白白溜走。物理研究已经深深地融入了小柴昌俊的生命，如果这样的物理实验能够成功，这将是他的一次成功飞跃。

这项观测太阳中微子的实验和质子衰变观测实验比较起来，是那种比较容易出成果的课题，只要随时做好观测的准备，因为中微子经常降落到地球上。在这件事上，小柴昌俊觉得花费国民的税钱做实验是值得的。总之，他已经下定决心要做这个实验。他将自己的想法说出来的时候，仍然遭到了很多人的反对，但是这已经不能动摇他的决心了。他义无反顾地投入到实验中，为了物理实验的突破，他宁愿忍受他人的冷眼。

能够了解到宇宙的诞生和宇宙的质量，这样的实验美妙极了。另外，在新的实验开始的时候，随着实验的进行，总会有一些让人很意外的收获伴随。对于这种偶然状况出现的可能性，要通过反反复复的仔细推敲和判断才行。

在经过全面的考虑之后，如果有人认为将实验朝着新的方向发展下去，就要一直贯彻下去。这样的灵活性是每一个工作人员都必须具备的素质。

这个计划虽然是为了观测质子衰变而制定的，但要把这个初衷贯彻下去无疑是太过僵化的。更大的猎物就在眼前，又岂可轻易放过。

马尔比·D·巴布科克说："最常见同时也代价最高昂的一个错误，就是认为成功依赖于某种天才，某种魔力，某些我们不具备的东西。"可是成功的要素其实掌握在我们自己手中，成功是正确思维的结果，一个人能飞多高，并非受其他因素，而是受他自己的态度所制约。

小柴昌俊之所以成功，并不是因为那些他人口中的天才能力，而是他能够有积极的思维，去透彻地分析而摆脱权威的束缚。也正是通过自己果决的思维和灵敏而正确的触觉才走上了一条他人无法企及的人生路。

4. 经费的苦恼

人生就如一次长途旅行，不管沿途的风景有多美或者旅途有多么艰难，欣赏过、痛过后仍然要继续上路，直到生命的终点，而不能因遭遇一时的挫折就中途下车。小柴昌俊在实验中的确也遇到了各式各样的困难，不过，他却永远也不会因为困难而屈服。

随着神冈探测器实验的进展，神冈探测器需要改进的问题也显现出来。

真正的问题来袭，要想让神冈探测器能够观测到中微子，那质子衰变的实验就会有很大的不同。因为，它必须能够清楚地捕捉到能量极低的现象，这是一个不小的难题。

中微子到来的时候，它会在水中与电子进行碰撞，这个时候才有可能监测到中微子。

监测条件要求水一定要非常清澈，中微子是非常微弱的光，因此它的环境背景对洁净度要求极高。另外，对于井下其他岩石中放射性物质的衰变也要尽可能地降到最小值。

神冈探测器安置在神冈矿山，而这里所含的放射元素含量相对比较多，为了避免上述所说的放射性物质衰变，那就必须要安装从没有用过的新装置了。

这样一来，费用就更大了。改进这个神岗探测器又需要一亿日元，可在不久前，为了将神岗探测器建起来就申请了三亿日元。现如今他又怎么可能仅凭着自己的新主意，再一次向文部省提出追加一亿日元的想法呢？这似乎太不切合实际了。

小柴是管理预算的负责人，他再提出这样的要求是肯定不会通过的。就算这个实验被允许，那么也需要把原有的预算大幅度压缩。

人们都知道，积极的思维肯定会改善一个人的日常生活，但并不能保证他凡事心想事成；可是，相反的态度则必败无疑，有消极思维的人必不能成功。人们从来没见过抱有消极态度的人能取得持续的成功。小柴昌俊之所以能够克服各种困难，也正是如此原因。

面对困难，很多人忧愁烦恼，压力倍增，突如其来的问题也可能让很多人从此一蹶不振。只要能够克服恐惧心理，认真观察，冷静思考，大胆地抓住危机中难得的机遇，就有可能在未来收获超乎寻常的回报。经过思考，小柴昌俊想出了一个算是不错的解决办法。

面对困境，保持积极主动的进攻，永远做一个积极的开拓者。更不要在暂时的成功面前沾沾自喜，骄傲自满，而是永远把每一天当作新的起点，挑战新的困难和目标。遇难而退不可取，与难共存是必然，迎难而上才是小柴昌俊内心真正的追求。

1984年1月，"重粒子的不守恒国际学会"在美国犹他州的帕克城举行。这对于小柴昌俊来说，无疑是一次好机会。

这是关于质子衰变的国际会议。在此次会议上，小柴昌俊不仅仅作了关于质子衰变研究进展的报告，还公布了要对太阳中微子进行观测的情况。他慷慨激昂地说道："如果现在的神岗探测器得到改进，就有可能用天体物理学式的观测方法对太阳中微子进行观测。为此必须在每一个光电倍增管上安装TDC（时间同步仪），因为必须记录光到达的时刻，但是很遗憾，我们的预算不充裕，我希望成立一个合作研究组，参加的条件是提供资金援助。"

小柴昌俊的发言的确引起了不小的轰动，而且收效也很快，就在提议公布之后，美国宾夕法尼亚大学的曼教授急忙找到了小柴昌俊。他激动地表达了他对于观测太阳中微子的热情，见到志同道合的人，小柴昌俊也格外高兴，两人畅谈一番。

小柴昌俊在欣喜之余又向曼教授提出了进一步的建议："在改进后的神岗探测器进行实验的时候，每一个星期大概可以发现一次咱们两个所期待的现象。总之，只要显示出对太阳中微子进行天体物理学上的观测是可行的就可以了。就算是这样，这也一定是意义非常深刻的实验。不过你有没有想过再做一个专门用于太阳中微子观测的装置？比如在神岗建立一个可以装五万吨水，光电倍增管的敏感度更好的国际合作实验装置。"

小柴昌俊当时所说的也正是后来的超级神岗探测器。但是当时曼教授没有继续在这个话题上谈下去。因为这个预算的提议高达几百亿日元。对于这些人来说，这似乎是个笑谈。

带着曼教授对实验的支持，小柴昌俊收获良多。在1985年2月，曼教授带着几名研究员来到了神冈，参与到小柴昌俊的实验之中。就这样，在得到宾夕法尼亚大学的帮助后，实验人员马上开始着手对神冈探测器进行改进。国际外援在研究工作中也一直都保持着极大的热情，双方的合作研究十分融洽。当面对问题时，双方也能够共同商讨对策，一起解决困难，小柴昌俊对此充满了感激。这也为以后实验的成功奠定了一个有益的基础。

为了要造出隔断层，要尽可能地把底面光电倍增管层抬高大约一米，在它的下面再设置一层光电倍增管。另外，在储水槽的外侧与岩壁之间，也装满水，那里也设置了光电倍增管。而在水槽的上面追加了一个大约一米深的隔断层。这其中最为困难的就是净化水。

在净化水的问题上，须田君和铃木君付出了艰苦的努力。困难层出不穷，但是他们的信心却从未动摇过，并成功地得到了世界上最干净的水。这为整个实验的成功奠定了一个良好的基础。

神冈探测器用的水，透明度达到了60米，这样干净的水世界上独一无二。

宾夕法尼亚大学还帮助他们安装了时间测定电路，待全部调整都结束之后，已经是1986年年底。

这个新的项目是由日本和美国的曼小组联合进行的，所以，他们把它称之为"神岗探测器2号"。

5. 来自十七万年前的伙伴

成功的花，人们只惊羡它开放的明艳，然而当初它的芽儿浸透了奋斗的泪和汗，洒遍了牺牲的血雨。每一个成功都并非偶然，它需要坚定的信念、不懈的追求与奋斗。

在须田君和铃木君付出了艰苦的努力之后，神岗探测器的所有用水都已经过滤得非常干净了。

同样，小柴昌俊的实验室生活也接近尾声，作为大学的教授，1987年3月，小柴昌俊就要退休了。而小柴昌俊当时已经很满足了，他的接班人都非常优秀，国际合作研究也在顺利地进行着，虽然不可能做得完美，但是这已经足够让小柴昌俊感到欣慰了。他对青年人寄予着无限希望，他由衷地希望他们能够比自己更强，科学能够因为他们的力量而走得更高更远，从而无限地造福人类。

这是2月下旬的消息。小柴昌俊清楚地记得那是1987年的2月25日，和他共同进行研究的宾夕法尼亚大学的金·巴依夏研究室收到了一份传真，传真的内容是这样的，"惊人的消息！你看到了吗？"

第二天，日本的理论学家们发布了"超新星爆炸了"的新闻。这对于物理界来说，的确是一个爆炸性新闻。

在银河系里，也许要每百年才有可能发现一次超新星。所以从理论上来说，一千年里就只能够看到十次，而在近一千年来，仅仅记录过四次这样的现象，并且距上一次记载已经有四百年了。

随着星体的爆炸，大量的宇宙能量被释放出来，绝大部分能量都在爆炸后的十秒钟开始释放中微子。

这真是一个爆炸性新闻。所有认识小柴昌俊的人都以为他这个科学狂人会格外兴奋，然而面对新闻，小柴昌俊却异常冷静，并不是因为他的思维出了什么问题，这正是他真正睿智的体现。

随后，小柴昌俊立刻与神冈探测器的研究员们联络，请他们立刻把实验数据送到本乡来，他要认真作研究分析。

第二天，满满一个大纸箱的数据就被送到了研究室，在户冢君的指挥下，大家开始进行分析。可是此时的小柴昌俊却在去伊豆的旅行之中。

虽然对数据有强烈的向往，但是小柴昌俊并没有取消已经预定好的温泉之旅，因为，他有了新的想法。

再过一个月，就是小柴昌俊该退休的时候了，他希望给年轻人一个机会，让他们快速地成长，并且，他也希望自己能够给世人留下一个淡泊处世的态度。

尽管小柴昌俊不在，户冢君还是带领着几名研究员彻夜不眠地进行分析。

过了几天，小柴昌俊才回到了本乡。中田君一看到小柴昌俊就兴奋地跑过来，一边还激动地喊着："老师，有了！"

小柴昌俊接过了数据纸一看，顿时欣喜万分，因为神冈探测器捕捉到了十一个中微子。

"这些个了不起的东西终于飞进来了。"小柴昌俊不由得感叹道。

与此同时，小柴昌俊想到的是应该把水环境重新清理干净。在高兴之余，小柴昌俊又有了新的想法，也许还可以再捕捉到一些中微子。因为在这个阶段，神冈探测器应该不仅仅能够捕捉超新星的中微子，也可以捕捉到太阳中微子。

这次超新星爆炸的主体是与银河系相邻的大麦哲伦星云中的某个星体，是距今大约十七万年前的星体。

这让人深刻地感觉到"机缘"这种东西是怎样的不可思议，也许那是目前人类智慧所不能够到达的最遥远的地方。

十七万年前爆炸产生的中微子经过了星际旅行，不早不晚地来到了刚刚调试好的神冈探测器。

中田君告诉小柴昌俊，他觉得小柴昌俊在听到这个消息之后一定会很高兴的，所以才兴冲冲地跑来让他看数据的。可是中田君却没有在小柴昌俊的脸上看到他预料中的喜悦。

俗话说："创业难，守业更难。"这条古训是千年不变的真理。初生牛犊不怕虎，敢闯敢拼，没有禁忌。但如果眼看着成就越来越大了，热情退下去了，从进攻变成防守了，就会发现，无论你如何防守，都是防不胜防。小柴昌俊正是希望这些年轻人对科学实验的热情能够持续下去。

第八章　不停歇的追梦之旅

1. 禁口令

古往今来，成大事者都不是一帆风顺，都经历过艰难曲折，没有人能够一辈子交好运，也没有人会一辈子走霉运。失败、打击、痛苦都是成功的进程中，必须要经历和承受的。在面对黑暗的时候，只有沉住气才能等到日出。

在法国的蒙布兰山中，意大利和苏联合作，也在用液体闪烁器进行对中微子的观测实验。

这个小组的研究成果是发现了5个中微子，并且比小柴昌俊所带领的小组先一步向国际天文联合会做了报告。

这让人十分疑惑，因为他们观测到的时间比神岗探测器捕捉到中微子的时间整整提前了四个小时。

面对这样的情况，小柴昌俊并没有慌张。

他认为必须让关于观测结果的论文达到一个很高的水平，这样在与蒙布兰的论文比较之中，才会胜出。

出于此种考虑，小柴昌俊对参与此项目的所有成员包括参与研究的美国工作人员下了禁口令。这也就意味着，在还没有拿出完美无缺的论文之前，任何人都不可以散布神岗探测器实验的消息。

当有一位和小柴昌俊交往颇深的记者打来电话询问的时候，小柴昌俊给出了这样的回复："如果你是问这件事，我希望还是不要猜测。"

虽然这样决绝地答复了，但是对方依旧不死心地追问："那么，神岗探测器也发现中微子了吧？"对于这样的问题，小柴昌俊则坚定地保持着无可奉告的态度。

在之后的一个星期里，小柴昌俊和研究小组一直在紧张地工作。

虽然论文因此滞后了一个星期，但最后的结果还是很好的。经过最后认真的检查，他们终于把稿件快递到了美国的《物理评论快报》杂志。

那一刻，小柴昌俊的心中有说不出的轻松感觉。距离小柴昌俊退休只有二十天了，时间，不经意地就飞走了。

"沉住气，成大器"，是人性丛林法则。面对世间百态，要压住自己内心的不平、消沉和躁动，小处忍让才能在大处获胜。

2. 不断更新的计划

论文寄出后，禁口令放松了，关于研究的理论部分也可以和有关人员透露一些了。

可就是这样的放松和疏忽招致了麻烦。这一次，小柴昌俊遇到了一个伪君子。

神冈探测器的观测信息传到了夏威夷大学的有心人耳朵里。

麻省理工学院又刚好和夏威夷大学有合作的项目。在听说了神冈探测器的观测信息之后，麻省理工学院的研究人员立刻按照神冈探测器的信号时间去查找麻省理工的观测数据组。

在查看之后，他们的研究小组马上召开了紧急会议，并且有研究人员竟然提出他们应该坚持自己的实验组是中微子的最早发现者。

令人难以置信的是，那个人竟然亲自打电话给小柴昌俊，说他们是比神冈探测器早一步发现中微子的。然后又是一通不着边际的夸夸其谈。

这个人强烈地刺激了小柴昌俊，他最痛恨这种无耻的强盗行为，他大声地呵斥："你说什么！信号时间是经过什么途径传到你那里去的我一清二楚，这种巧取豪夺科研成果的混账话，你也说得出口，真给麻省理工丢人。"

小柴昌俊愤怒地放下电话之后，热血还没冷静，电话又响起来。

对方是麻省理工的主要负责人——F.莱因斯博士。小柴昌俊警惕地接听着电话。

不过，让他没有想到的是，莱因斯博士的语气很温和，并且很友好地表明自己是来道歉的："有人出口不逊，一定使您不愉快了吧。非常对不起，下面这一段内容是注在我们论文末尾的，希望您听了之后能原谅我们。"

还未等小柴昌俊说什么，莱因斯博士就用英文轻声地把内容读了一遍。

"我们查找了蒙布兰的实验信号，但在麻省理工学院的数据里没有发现一个迹象。然后又了解神岗探测器的信号时间，在这个时间里，麻省数据显示了八个迹象。"

读过这篇论文之后的所有人都应该知道，神岗探测器是最早发现信号的，并且麻省小组对这一事实进行了确定。

小柴昌俊决定原谅他们，并静静地放下了电话。后来，蒙布兰的地下实验拿出了报告，他们在神岗探测器的信号时刻也发现了5个迹象。这也更进一步地确定了神岗探测器是世界上第一个监测出超新星爆发后的中微子的事实。

小柴昌俊认为，宽容是世界上最深沉的一种美德，过分的苛责远不如宽容更有力量。有时候，最能触动人内心的是，在懊悔的时候没有受到他人的责备。或许也正是他的宽容，才促使麻省理工的人反省自己的错误。

直到这时，小柴昌俊对于神岗探测器的实验，才松了一口气。

3. 发挥余热

小柴昌俊完成了他的最后一篇论文，并于1987年3月31日正式从东大退休了。退休之后，小柴昌俊来到了大学做教授，又工作了九年的时间。在这期间，他曾应汉堡大学的要求，在CERN从事研究工作，后来又去美国工作了两年时间。总之，他一直在国外生活。

关于神岗探测器，在意外观测到了超新星中微子的第二年8月份，又成功地观测到了太阳中微子，这也正是建立神岗探测器的最初目的。也就是在同一年，相关论文也陆续发表了。

这一次，后来和小柴昌俊一起获得诺贝尔物理学奖的宾夕法尼亚大学的雷蒙德·戴维斯博士，当时已经能够用独有的方法检测太阳中微子并发表了相关的论文。但是令人遗憾的是，他们没有办法提供检测方面的数据。

另外，神岗探测器也成功地监测到了中微子之一的大气中微子，这是由神岗探测器建设之初就一直对大气中微子进行观测的研究员观测到的。

当时，小柴昌俊刚刚结束了国外的工作并回到了日本，受聘于筑波科学城的高能物理研究所做评审委员。到1990年，小柴昌俊做评委已经六年了。在最后一次评审委员会上，他就中微子的"某种可能性"提出了建议,并提出改进神岗探测器,进行新试验的主张。

1996年,超级神岗探测器终于建成。

4. 超级神岗探测器

超级神岗探测器本来是小柴昌俊和宾夕法尼亚大学的曼教授在1984年商量的一个计划,小柴昌俊从东大退休之后,户冢君他们付出了极大的努力才完成。

这个探测器高四十一点四米,直径为三十九点三米,储水量为五万吨,规模是当时神岗探测器的十七倍,光电倍增管用了一万一千二百根。正因为设备强大,使得观测敏感度有了飞跃性的提高。

对于超级神岗探测器的建立,小柴昌俊的工作着重在筹集资金方面。

神岗探测器最初的建设费用是三点五亿日元,而现如今的超级神岗探测器的建设预算要达到大约一百亿日元。如此巨大的资金需求难免令人惶恐,不过,小柴昌俊根本不会被难题打倒,他根据自己已经掌握的信息,寻找解决问题的方法。

不久后,小柴昌俊想到了一个办法。于是,他便立即行动,与国外的诺贝尔奖获得者们取得联系,并向他们详细地介绍了神岗探测器的优势。并且，他还致电当时东大的校长马郎先生。

小柴昌俊绘声绘色地向马郎先生说明，超级神岗探测器是一个杰出的计划，全世界的物理学者们对超级神岗探测器都满怀着期待，无论如何这都是非常值得努力实现的。

在那之后，小柴也有了援军，他后来听说，校长一共收到了六封关于神岗探测器的信件。

令人欣慰的是，1996年，超级神岗探测器终于在原神岗探测器附近一百五十米处建成了。

1998年，在户冢君的指挥下，通过观测确认了中微子是有质量的。这是一个重大的发现，因为它将在理论上迫使"标准理论"发生改变。

在当时，各大报纸用整整一个版面来刊载了这个令人振奋的消息。

在美国，著名的《华盛顿邮报》上也刊登了整整一个版面。美国当时的总统克林顿，在应邀出席麻省理工学院毕业典礼时，发表致辞说："昨天，日本科学家取得了重大发现，证明了基本粒子的中微子是有质量的。"

正是因为如此，小柴昌俊在感动的同时又心生诸多遗憾，因为他很难想象日本的首相会在演说中加入基础科学的信息。

小柴昌俊认为，取得了这样好的成绩，户冢君获得诺贝尔奖是在情理之中的事情。

2002年4月，在1993年就已经完成了全部历史使命的神岗探测器的遗址上，重新建立了一组叫作卡姆兰德的新观测器。令人欣喜的是，这套设备在不久之后也取得了非凡的成绩。也就是在小柴昌俊要动身去斯德哥尔摩参加诺贝尔奖授奖仪式的时候，卡姆兰德小组查明了反电子中微子是有质量的。并且，卡姆兰德成功地捕捉到了大约一百七十五公里远的三个地区的原子能发电站飞出来的反电子中微子。

这次卡姆兰德实验，主要是在铃木君等人的指挥下完成的。小柴昌俊一直对铃木君比较看重，铃木君为人踏实，性格敦厚，工作起来也非常认真负责。

小柴昌俊一直坚信，人品对于科研非常重要，所以一开始，他就觉得铃木君一定会做出成绩的，但是卡姆兰德实验的好消息还是让小柴昌俊大吃一惊。

看到大家对于科研实验的热情，小柴昌俊感到很欣慰。诺贝尔奖授奖仪式在即，对于年过古稀的他来说，仍然充满了紧张。

5. 等待十五年

在第一次观测到超新星中微子的十五年后，小柴昌俊获得了诺贝尔奖。获得认可固然是很兴奋的事情，但是小柴昌俊认为，奖励并不是他个人的功绩，而是众人合力的成功。因此高兴之余，他也留下了深深的遗憾，因为在这十五年里，他痛失了两个优秀的弟子。这两个人正是须田英博君和折户周治君，他们对于小柴昌俊都非常重要。

人们常常这样说，须田英博君是小柴研究室里最得力的助手，而折户周治君则是小柴昌俊的"长子"。

1993年，已经是神户大学教授的须田君在印度出席学术会议的时候，因为患有急性心功能不全而离开了人世，那一年他五十五岁。

须田君是本乡小柴研究室的第一代研究员，负责的是如何提高神冈探测器观测精确度的核心工作。他既要负责提高水的纯度，又要负责提高密封度以完全阻断空气和水的接触等之类的技术，除此之外他还要时常和一些制造商打交道。须田君是个踏实肯干的研究员，他每一次都能出色地完成他的任务。

在小柴昌俊的印象里，须田君是一个十足的工作狂，并且越遇到难以解决的问题，他就越会迎难而上。在寻找宇宙射线中的夸克的实验当中，曾经遇到极大的技术难题，因为这个实验需要在大约一微秒（百万分之一秒）的短暂时间里，将电压增高到20万伏特。那么，使用普通的小型射光室就很难办得到，因为仅仅完成2万伏特就已经是一大关了。因此，为了满足实验条件就必须制造出大型的射光实验室，其技术难度之大，在当时没有任何人有把握。

小柴昌俊曾就这方面问题专门去请教过专家，专家们一致认为这是完全不可能实现的。

后来，终于在文献中查找到一种方法，文献是这样记载的："一般情况下，在制造脉冲的时候，脉冲的高度往往只有原脉冲的一半，如果采用大型射光室，就可以跳变出原有脉冲高度。"小柴昌俊在慎重地考虑之后，把这个任务交给了须田君。虽然在过程中还是遇到了一些困难，但最终须田君没有辜负大家的期望，成功地完成了任务，后来的实验才能够顺利进行下去。

每一次实验都是一个遇到难题再攻克难题的过程，在这个过程中，大家都在快速成长，友谊也日益加深。

最让小柴昌俊怀念的是，在三十多年前他们第一次一起做电子方面的实验，当时，在遇到问题的时候大家总是积极地思考并讨论，气氛十分活跃，每一个人都沉浸在探索的快乐之中。

须田君还是一个非常细心的人，对他人也十分友好，后来，户冢君这些人就是在须田君的训练之下逐渐培养出来的。

总之，小柴昌俊对于须田君的感情很深。而折户君也是小柴昌俊最为期待的一名学生，对他格外器重，在小柴昌俊退休不久之后，他就被提升为物理研究室的教授。折户君对于实验研究有敏锐的直觉，性格也十分开朗，他的学生们都非常喜欢他，他也带出了许多优秀的学生。

1996年，小柴昌俊荣耀地获得了欧洲物理学会的特别奖，这次获奖，折户君给了他很大的帮助，并且，能够肯定地提出中微子有三种类型，这也是折户君一些人拼命努力研究的结果。

折户君从国外回到日本后，也和小柴昌俊一道，尽可能地将研究所中的年轻同事们派遣到那些有吸引力的国际合作研究实验中去。

可是命运难测，1999年，折户君在家中突然就失去了知觉，他患上了蛛网膜下腔出血引发的心功能不全。第二年就去世了，那一年他59岁。一切美好都戛然而止，他也给小柴昌俊留下了深深的遗憾和怀念。

如此重要的两个人，没能和小柴昌俊一起分享诺贝尔奖，这也成了他莫大的遗憾。他总是慨叹，若是折户君和须田君都还活着，该有多好啊！

获得诺贝尔奖是一个十分漫长的过程，不过和那些十七万年才飞到了神岗探测器中的超新星中微子的长途旅行比起来。十年、二十年又算得了什么呢？

小柴昌俊实验的人生之路充满了艰难和坎坷，也充满了无数的惊喜和快乐，并且在后来他也获得了诸多的奖项。1996年，小柴昌俊获得了欧洲物理学会特别奖；1997年，他获得了文化勋章；2000年，又获得了以色列沃尔夫奖；在获得诺贝尔奖那一年的早些时候小柴昌俊又获得了美国物理学会的帕诺夫斯克奖。

每一次领奖，小柴昌俊都会有不同的感慨，所有荣耀都是浮云，从来都不会影响他坚定的科研之路。

这么多的奖励之中最让小柴昌俊铭记于心的便是获得文化勋章奖励，他清楚地记得，在消息刚刚发布的当天，他就收到了一个传真，传真是由南部阳老师发来的。南部阳老师是小柴昌俊刚到研究院时到大阪市的大学游学期间的老师。

南部阳老师的传真非同一般，传真上是一幅图画，画上有一只仰着头的黑猩猩和一本打开的教科书，黑猩猩正说着："我一定要成为物理学家。"

看到这幅画，小柴昌俊陷入了回忆。他清楚地记得，当时他为了提高物理成绩，想方设法拼命学习，就像一只执着的黑猩猩。而当时小柴昌俊的一切努力，南部阳老师都看在了眼里。

在经过了这么长的时间之后，老师还能够记得他当时的心情，他心中翻滚起温热的感动。后来，他也经常会拿起这幅画端详良久。

在获得多项奖励之后，小柴昌俊也获得了很多的荣誉。他在获得诺贝尔奖之后特地赶到神岗去拜谢，没想到神岗政府强烈要求授予小柴昌俊"荣誉市民"的称号。面对这份荣誉，小柴昌俊当然是非常高兴，并不是因为荣誉本身的光环，而是他觉得自己和神岗已经融为一体。

在那之后，横须贺市也要授予小柴昌俊"荣誉市民"的称号，后来小柴昌俊的家乡衫并区也是如此。小柴昌俊成了十分抢手的

"荣誉市民"。

小柴昌俊很高兴结识新朋友,并了解到更多的新鲜事物。对此,他总是心怀感激。

后来,小柴昌俊听说,又有了比超级神岗探测器大二十倍的"超大神岗探测器"建设计划。

这是一件好事,无疑让小柴昌俊非常兴奋。兴奋归兴奋,他对于这件事情的态度是放手让晚辈们去做,而自己选择了沉默和祝福。他希望在以后的日子里会不断地产生更多优秀的研究员,取得更多的成就,更加深刻地了解世界。

目前,神岗已经成为世界中微子的研究圣地,这对于小柴昌俊来说是一件令人振奋的事情。

在科技日益发展的现代社会,他倒是希望研究实验能够为生产带来更多的帮助。

然而成功者之中,有诸如"不成功便成仁"的慷慨壮士,亦不乏"运筹帷幄步步为营"的骁勇干将,都具备相当的资质与才能。每个人都希望获得成功,大到一番事业,小至一次旅行,而一切一切的成功讨论,待吹灯拔蜡之时都已落定。

成功属于有准备的人。在人生的道路上,什么是成功,什么是失败?我们每一个人生下来都不会走路,都是要经过一次一次跌倒,又一次一次站起来,通过不断的努力才能慢慢学会走路,所以急是急不来的,这都是要时间的。一次不成功,吸取上次的经验继续往前走，只要永不放弃希望，成功就离你不远了。因此，如果你经不起失败的痛苦，就不能得到成功的喜悦。

在这个世上，天天有人成功，同时也有人失败，成败的关键并不只在于他们是否知道该如何做，而在于他们做了没有，做得够不够；成功也并不一定是指大事，每一件小小的工作的完成，都是成功，同样也会有一种满足感。命运不是掌握在别人手中，而是在你自己手上，该怎么发挥就只能靠自己了。

关于小柴昌俊的成功，其实并没有什么诀窍。他只是紧紧地抓住了自己的目标，并且鼓足干劲，尽自己最大的力量去完成，踏踏实实地做下去，无论遇到什么困难都迎难而上。成功就在一次又一次的艰难攀登中取得。

6. 送给年轻人的话

小柴昌俊说：所谓基础科学、基础实验，只要认真地做，整个过程就会充满乐趣。

不仅物理学是这样，生物学和地球科学也是这样。

我把目光转到了宇宙上去，但有一个"事实"却是不争的，那就是我们对生活在其中的大自然没有给予足够的关注。

这并不是因为大自然可以把自己隐藏起来，而是由于太多太多的东西我们无法发现和认识的缘故。

也许尽管我们看到了，但在先入为主的观念下，忽略了对重要事实的发现。

要想把这事实看清楚，就必须睁大你的眼睛。

我想对年轻人说的是，无论你在哪一个领域工作，首先要对自己所从事的工作进行极为认真的观察。而且，最好多拥有一些想要完成孵化的"卵"，虽然孵化的过程需要反复多次。

无论什么时候都在认真思考这个"卵"的话，那你一定会找到办法的。

最后，我还是想说一句：

1987年2月，我们刚刚把水过滤干净，超新星的中微子就飞进了神岗探测器。

这是我从东大退休前一个月的事，这个时间就像是算好的一样。我和大家都觉得很"幸运"，但是我觉得自己真正幸运的是遇到了许许多多的优秀人士。

我上旧制中学时的老师金子先生、高中时代一个宿舍的伙伴理论学家金泽先生、给我补习过物理的家庭教师朽津君先生、天野先生、朝永先生、东大时代的山内先生、南部先生、前辈藤本先生，罗切斯特大学的玛尔夏克教授、加伯伦教授、芝加哥大学的夏因教授、钱德拉塞卡尔先生、奥凯里尼博士、东大物理教研室的西川先生，苏联的布德凯尔教授，东大校长茅先生，研究计算器的后藤先生、加速器的小林先生和粒子检测器的福井先生、"星期五会"干事长兼社长西岛先生、罗曼尔教授、维克教授，高能研究所的菅原，对我们的实验给予预算支持的文部省，东大的各有关部局，以片山先生为首的神岗矿山团队和神岗镇的各位、滨松光电株式会社的昼马社长、宾夕法尼亚大学的曼教授，还有为数众多的学生，还有在学术圈以外的我所认识的人。

我认为，与这么多优秀人才的相识，是我最大的幸运。

比起获得的那些奖来说，认识那么多有识之士才是最让我感到"幸运"的。

所以，在认真地对待自己的"卵"的同时，还务必要与更多优秀的人相互接触。

7. 2001年在东京大学毕业典礼上的演讲

今天，能够站在这里向诸位理工科的毕业生们讲几句话，实在让我感慨万分。

之所以这样说，是因为五十一年前，我在这所大学的理学部物理系是以倒数第一的成绩毕业的。为此，素以讨厌东大而闻名的武谷三男老师曾经在出席我的结婚仪式时说："今天的新郎官是东大毕业的，但是毕业成绩却是倒数第一，看来他还有药可救。"据说，他的这番讲话曾经在双方亲属的心里都留下了阴影，令他们不由得为我们这个家的未来担心。

然而结婚后，我这个教授一直当到了退休。于是，许多人对我当年的成绩究竟是不是倒数第一产生怀疑，为此，我只好厚着脸皮把我当年的毕业成绩单公布出来。

这样的成绩单，的确够糟糕吧！这样做似乎有露丑癖之嫌，而且还要把这样的丑事放在讲话的开头部分，其实这样做是与今天的精华内容有直接关系的。

"我思，故我在。"

这是法国著名哲学家、科学家笛卡尔的名言。意思是说，在自然科学的认识中，认识的主体与被认识的客体之间是被截然分离开的。他认为世界就是二元的，自然就在"我"之外，与"我"形成了鲜明的对峙。这一理论体系的出现使人类对科学进行认识的结果得以积累，并成为人类共有的普遍财富。当然，也有一种观点认为不存在这种对立。针对这种观点最常举的例子就是"真、善、美"，在这里"真、善、美"作为被认识的客体就是一种宗教式的感悟。还有，当你为你喜欢的音乐或美术品所陶醉的时候，就证明主体与客体是浑然一体的。

这就存在一种对认识进行分类的可能性，例如可以把认识分为被动式认识和主动式认识。这样，认识至少可以分为四个类型吧。同学们,迄今为止你们一直都在学习,所以我把你们的认识归类到被动式主客分离型认识中。今后,你们当中有的人要走向社会参加工作,也有人会到研究生院继续深造,你们要面临的是一个完全不同于学校的环境和事物,也就是将面临主动认识和分离型认识。因此,认为我在学校成绩优秀,今后必将前途无量的想法是根本行不通的。从这个意义上讲,今天的毕业仪式不用英语Commencement Ceremony(毕业典礼)更适合。

我们的东京大学取得过许许多多的科研成果,我想讲其中的一个,那就是理学部1981年开始实施的,后来又放到宇宙射线研究所的神冈实验基地进行试验的项目。但是为了让你们能够理解为什么要从这个实验项目讲起,我先要简单地讲一下我从东大毕业后都做了些什么。

东大硕士毕业后,我又在美国罗切斯特大学取得了博士学位。在芝加哥大学当研究员的时候,我写了一篇有关宇宙射线的起源是超新星的论文,大概是因为这篇论文的关系吧,我被原来的原子核研究所聘为副教授。在美国从事研究工作好多年,我养成了直截了当的工作作风。无论你多么了不起,如果你说的内容有错误,我都会当场指出。我认为即便是在公共场合下,指出错误也应该是一名科学工作者理应具备的态度。

可是在日本,这种作风是要遭到白眼的。这样一来,我在供职的原子核研究所的处境就很不妙,这让我不得不重新认真考虑是否应该回到美国。恰好此时东大理学部物理教研室公开招聘副教授，在无人推荐的情况下，我只好自我推荐找上门去。很幸运，物理教研室并不拘泥于我的毕业成绩而录用了我，使我得以精神愉快地在这里从事研究工作，直到1987年正式退休，这真是值得庆幸的事。

其实每年读研的学生一开学，学校就应该为这些学生将来的就业考虑了。通常情况下，东大的老师总是让学生从事原子核胶片的分析，这样学生将来就业的范围会很窄。从这一点考虑，我认为应该让学生从如何运动基本粒子、宇宙射线的捕捉器这类实验开始。那个时候，恰好苏联学者布德凯尔正在西伯利亚安装正负电子对撞装置，他给我们发出了"到西伯利亚来进行合作研究"的邀请。

在现场进行了详细的考察后，我们决定接受邀请，认真致力于这个项目。

然而，国内一些基本粒子理论家向我们发出反对声，他们认为："即便不做这样的实验，仅用量子电动力学就可以推理出对撞后会产生什么，没有必要花国家那么多费用去做这项实验。"幸好当时教研室主任是位一流的基本粒子理论专家，他说："不做怎么能知道是否会产生射线产物？"他让我们尽快做出预算来。我始终认为，一流的理论家通常能够认识到自己的思维界限，而二流理论家往往无法把握自己理论的适用范围。

遗憾的是，天有不测风云，布德凯尔教授突发心脏病住进了医院，我们只好临时决定转道欧洲，参观并参加欧洲的正负电子对撞实验。结果还不错，我们在汉堡的德国电子加速器研究所达到了目的。这类游学式的实验，后来成为进行基本粒子实验的捷径而大行其道。很幸运，东大小组的实验获得了很高的评价，特别是对胶子的实验性研究还获得了欧洲物理学会的特别奖。这股实验潮流以后走向了日内瓦的CERN（欧洲核子研究中心）和东京大学基本粒子物理国际研究中心。

这样一来，正在写学位论文的博士研究生们只要派到国际合作实验当中去就可以了，问题是硕士和本科生们的教育应该怎样进行呢？

以前，为了让本科生能够体会到什么是科学研究、什么是主动式主客分离认识，我们曾经向教研室提议搞个"暑假实验"，对象是大三的学生。该实验与学生们的学习成绩无关，只要有人想利用暑假做一些自己感兴趣的实验，就可以向研究室提出申请，得到一些资助。这个计划很成功，当时有许多学生涌向实验室。但是我们现在要解决的对象是硕士和博士前期的学生们，需要他们专心致志地从事实验，我们是否能准备出来。

20世纪70年代中期，有人提出了集中不同类型的大统一理论。以前的统一理论是把弱交互作用（弱力）和电磁交互作用（电磁力）看作是可以统一进行说明的理论，是基本粒子理论的标准模型（理论），而把强交互作用（强力）加进去统一说明的理论则被称为大统一理论。理论尽管类型不同，但有一点是相同的，那就是迄今为止始终被认为有无限寿命的质子可以衰变成寿命有限的更轻的粒子。大统一理论一经提出，世界的基本粒子实验专家们立即活跃起来。日本也两次提出进行粒子实验，神岗地下实验就是其中之一。实际上，地下存有大量非常干净的水，在水周围布上光电倍增管后可以观测到衰变的结果，这个方案我早在芝加哥大学时代就酝酿过。

我们每年都要对新入校的研究生们反复强调两件事：一是强调"我们是在用国民的血汗钱追求着自己的梦想呀！所以我们绝不可以按照商家提出的价格购买（实验器材）"；另一个就是"如果你想成为一名研究者，你随时都要抱着几个想要从事研究的'卵'，这样做，在信息过多过滥的情况下，你也可以判断出哪些是有用、哪些是无用的信息，哪些是对自己的研究有利的信息，从而提高效率。"

我们先前提出过一个方案，即在地下1000米的地方储水3000吨，用1000根光电倍增管进行观测，也就是所谓的神岗探测器（神岗 NDE: Nucleon Decay Experiment）。可是我们又听说美国的实验设计与我们的相同，规模却比我们的大好几倍，这意味着国民的税钱即将被用于二流的一次性实验，我不得不拼命地思考这个问题。从我们能够得到的预算规模来讲，肯定无法和美国竞争，但是如果我们能够提高检测器的监测精确度，虽然在质子衰变的发现上有些落后，却可以监测出各种各样衰变方式的分支放射比（衰变分支系数）。这样，无论哪一种大统一理论都有可能……对呀，这也是一个不错的目标！不过，我们的预算有限，不能从增加光电倍增管的数量上下手，而是要设法尽可能地提高每一个灯泡对光的敏感度，这就是我的方案。

很快，我们花了几个小时来做说服工作，终于把浜松光学株式会社的社长和技术主任请到大学里，并且答应派一名助手和一名研究生参加他们的开发工作。我们终于得到了社长的首肯，一年后，直径50厘米，世界上最大的光电倍增管诞生了。当然，由于我们跟人家没完没了地砍价，那以后很长的一段时间里社长都在不断地唠叨："要不是你们这样霸道，我们能亏损三个亿吗？！"

总之，1983年7月，检测器制作完毕，并在井下进行注水，从9月开始获得数据。由于我们这次使用的是新检测器，所以必须一丝不苟地对测定能量进行校准，μ粒子我们已经清楚了，但这次我们终于通过了吗？μ粒子监测到了衰变电子的能量谱，甚至可以清晰地看到12MeV(1MeV=100万电子伏特)这样的低能量。至于比这更低的能量则隐藏在周围的环境中，能看到它们的可能性也已经显现出来。

大家知道，太阳光是地球万物的能量之源，太阳之所以能发光是由于质子与氦进行了核聚变，这一点已经从理论上得到了解释。但是，美国的实验证明，在对这种核聚变产生的中微子进行监测后，发现其能量近于理论上预测值的三分之一，好像还有什么没预测到的事情。美国在这次实验中使用的是放射化学手段，因此中微子是否真的来自太阳？何时到达监测器的？它的能量与理论是否相符等，这些都还没有搞清楚。

如果把我们检测器的背景降到现在的千分之一以下，不就有可能利用水中电子的散射，检测出太阳内核聚变的中间生成物？如果能监测到呈散射状电子的时间、方向及其能量，不就等于对太阳中微子进行了天体物理学观测吗？这个想法把我从利用国民税钱只能进行一次性实验并只取得一个成果的巨大压力下解放出来，毕竟可以通过这次实验达到几个目的了。

我马上把自己的想法告诉了实验小组的其他成员。方案一提出，就有人反对，认为不应该减少探索质子衰变的有效体积，但结果还是决定这样做了。当然，这就要求在四周安装稳定的捕捉器，实验用水也要达到极纯的程度。提到经费，此时距我们第一次申请经费还不到半年，在最初的实验计划还没出成果的情况下，无论哪个政府部门都会让我们吃闭门羹的。

鉴于此，我不得不"曲线救国"了。三个月后，我参加了在美国召开的一个国际会议，不仅在会上做出了有关质子衰变的报告，还顺带提出了两个方案：一个是"本人认为，经过改良的神冈探测器应该可以做太阳中微子的天体物理学观测，如果有人愿意资助，可以和我们合作研究"；另一个方案是"目前的神冈探测器还不够大，三天里只能做一次发射，如果用五万吨水的规模就可以做出真正的太阳中微子观测台，希望通过国际合作力量制造'超级神岗探测器'"。第一个提案有宾夕法尼亚大学的曼教授响应，并且已经开始了合作研究，而第二个提案却没有任何反响。最后，超级神岗探测器是在十几年后的日本得以实现的。

我们在实验现场重新设置稳定捕捉器，对水进行了彻底净化，对新的电子设备进行了调试，等等。这样大约过了一年半的时间，直到1987年1月1日，我们才开始获得有关太阳中微子的数据。从那时开始，幸运就降临到了我们头上。十七万年前，在银河系附近的大麦哲伦星云中发生了超新星爆炸，这也是大质量恒星的华美结局，那个时候发出的光和中微子到达了地球。由于我们的神岗探测器已经调整到可以捕捉太阳中微子的水平，所以很容易就捕捉到了能量大、时间也集中的超新星中微子。虽然只捕捉到了11个中微子现象，可这给予我们的是有关超新星爆炸的最基本的、最重要的数据。

对太阳中微子的观测进展得很顺利，我们已经能够按照所预期的时间、方位以及谱系对天体物理进行观测。这种观测以及前面提到的对超新星进行的观测都证明了一点，那就是——中微子天体物理学诞生了。

另外，由于我们还在准确地观测质子衰变的各种方式上投入力量，结果产生了一个意外收获，那就是使来自宇宙射线并在大气中产生的 μ 粒子中微子在飞行过程中变成了其他种类的中微子。这种现象被称为中微子振荡，这说明了中微子的质量不是零。

现在的神岗已经成为全世界研究中微子的圣地。例如，仅美国就有一百五十名以上的学者来这里参加研究。第三代实验用"卡姆兰德"已经生产出来，并且已经开始获得来自原子炉的反中微子的有关数据。

回顾这一切，我觉得自己极大地受惠于诸位良师、同事和学生们，自己是幸运的。

同学们，希望你们能够充满个性，朝气蓬勃地工作和学习。

谢谢大家！

附录

小柴昌俊生平

日本科学家小柴昌俊，1926年生于日本爱知县丰桥市，他小时候的梦想是当军人或音乐家，但上高中时忽然得了小儿麻痹症，其后遗症造成右臂残疾，致使梦想破灭。然而，就在他住院期间，班主任送给他一本爱因斯坦的书，使他从此走上了物理研究的道路。严重的挫折使他失去很多，然而同时又促使他在困境中开辟出创新的道路。

1948年4月，小柴昌俊考入东京大学理学部物理系，当年读大学时曾是名"差生"，在校时的物理课理论考试成绩并不佳。一个被认为差生的人获得了诺贝尔物理学奖，在于他对科学持之以恒的探索精神，以及很强的实验动手能力。

1955年获美国纽约罗切斯特大学博士学位，现为日本东京大学国际基本粒子物理中心（ICEPP）高级顾问和东京大学荣誉教授、神冈实验室资深学术顾问。

2002年诺贝尔物理学奖授予了美国科学家雷蒙德·戴维斯、日本科学家小柴昌俊和美国科学家里卡尔多·贾科尼，以表彰他们在天体物理学领域做出的先驱性贡献，其中包括在"探测宇宙中微子"和"发现宇宙X射线源"方面的成就。小柴昌俊还相继获得了德国总统奖、欧洲物理学会特别奖、日本仁科纪念奖、朝日奖、日本学士院奖、文化勋章、以色列沃尔夫奖等一系列殊荣。

2006年5月22日，小柴昌俊教授到清华访问，并在主楼做了精彩的学术演讲。八十岁高龄的小柴昌俊教授依然精神矍铄，在近一小时的演讲中，他以中微子天体物理学的诞生为题，为同学们介绍了中微子的基本概念知识，关于中微子的一些科学实验研究，以及中微子天体物理学研究的历史和近期发展。小柴昌俊始终以坚强和勇敢鼓励着无数年轻人，坚持，梦想就在眼前。

获奖时代背景

地球处于宇宙粒子和其他形式射线的连续流量的路径中。2002年的诺贝尔物理学奖用这些非常小的宇宙组成部分来增加我们对大尺度的理解：太阳，恒星，星系和超新星。这个新的知识改变了我们看待宇宙的方式。

早在1930年沃尔夫冈·泡利（1945年诺贝尔奖得主）预言了这种叫作中微子的神秘的粒子，但是用了二十五年才证实了它的存在（由1995年诺贝尔奖得主莱茵斯证实）。这是因为形成于太阳和其他恒星中发生的氢转化为氦的聚变过程中的中微子，几乎不与其他物质反应，因此很难被探测到。例如，每秒有个中微子经过我们，而我们注意不到。雷蒙德·戴维斯建立了一个全新的探测器，一个放置在矿井中的装满六百吨液体的巨大的槽。在过去的三十年里，他成功地捕获到来自太阳的总数为两千的中微子，而且因此证实聚变提供了来自太阳的能量。由小柴昌俊领导的研究小组，用另一个叫作神岗核探测实验的巨大的探测器，证实了戴维斯的结果。在1987年2月23日，他们也探测到了来自一个遥远的超新星爆炸产生的中微子。戴维斯和小柴的工作引起了意料之外的发现和一个新的领域的研究——中微子天文学。

　　太阳和所有其他恒星在不同的波段发射电磁辐射，可见光和不可见光都有，例如X射线。为了调查被地球大气吸收了的宇宙X射线辐射，有必要在空间放置仪器。里卡尔多·贾科尼建立了这样的仪器。他第一次探测到了一个我们太阳系之外的X射线源，而且第一个证实了宇宙包含X射线光背景辐射。他也探测到了现在大多数天文学家认为包含黑洞的X射线源。贾科尼建立了第一个X射线望远镜，提供给我们全新的清晰的宇宙图像。他的贡献奠定了X射线天文学的基础。

小柴昌俊年表

1926年9月19日，出生于日本爱知县丰桥市。

1933年4月，进入新宿区立大久保小学。

1936年，小学四年级第二学期转学到丰桥市立东田小学。

1937年，小学五年级第二学期转学到横须贺市立诹访普通小学。

1939年4月，进入神奈川县立横须贺中学（现神奈川县立横须贺高中）。

1944年4月，因未考中理想高中停学一年。

1945年4月，考入旧制第一高中。

1948年4月，考入东京大学理学部物理系。

1951年3月，从东京大学毕业。

1951年4月，考入东京大学研究生院物理系。

1953年8月，到美国罗切斯特大学研究生院留学。

1955年4月，获得博士学位，在罗切斯特大学完成学业后，到芝加哥大学从事研究（7月）。

1958年3月，回国后，在东京大学原子核研究所任副教授。

1963年，在东京大学理学部任副教授。

1970年3月，在东京大学理学部任教授。

1974年，在东京大学理学部建立高能物理学实验设施（现东京大学基本粒子物理国际研究中心）；另外亲自组织了在德国电子加速器研究所（DESY）进行的国际合作试验DASP以及JADE实验。

1978年，提出利用大型切伦科夫检测器进行地下实验的"神岗探测器"实验。

1983年4月，在岐阜县神岗矿山开始实验。

1985年8月，因发现新粒子Pc、胶子等，获德国总统奖。

1987年2月，利用神岗探测器捕捉到十七万年前超新星SN1987A爆炸释放的中微子，这也是世界上第一次观测到超新星爆炸释放中微子。

1987年3月，正式退休。退休后，先后在瑞士的欧洲联合原子核研究机构（CERN）、德国的汉堡大学、美国的芝加哥大学担任客座教授。

1987年5月，被评为东京大学名誉教授。

1987年8月，在日本东海大学任教授。

1987年12月，因检测出大麦哲伦星云中超新星爆炸产生的中微子而获得日本仁科纪念奖。

1988年1月，获日本朝日奖。

1988年11月，获日本学士院奖。

1997年3月，从日本东海大学理学部退职。

1998年11月，获日本文化勋章奖。

2000年5月，和戴维斯一起获以色列的沃尔夫奖。

2002年12月，由于开拓了天体物理学，特别是在检测宇宙中微子上做出的贡献，获得诺贝尔物理学奖。

获奖当年世界大事记

(2002年)

1月1日，欧元(EURO)在欧盟国家正式开始流通。

3月25日22时15分，中国在酒泉卫星发射中心成功发射了"神舟三号"飞船。

5月20日，东帝汶民主共和国成立。

5月31日，2002韩日世界杯在韩国汉城（今首尔）开幕。

6月13日，美国正式退出《反弹道导弹条约》。

6月29日，韩朝两国军舰在朝鲜半岛中部以西海域发生冲突。

7月9日，非洲联盟第一届国家元首和政府首脑会议在德班国际会议中心举行。非洲联盟经过一年的过渡期后正式成立，替代了历时三十九年的非洲统一组织。

10月11日，美国参议院通过授权美国总统布什对伊拉克使用武力的决议。

11月4日，《中国东盟全面经济合作框架协议》签署，决定到2010年建成中国—东盟自由贸易区。

11月8日，中国共产党第十六次全国代表大会在北京举行。

11月21日，中国完成水稻第四号染色体精确测序。

11月21日，北约十九国首脑在布拉格决定，邀请罗马尼亚、保加利亚、斯洛伐克、斯洛文尼亚、爱沙尼亚、拉脱维亚和立陶宛等七个中、东欧国家加入北约，上述各国2004年正式成为北约成员。

12月3日，中国上海获得2010年世界博览会的举办权。

12月29日，中国在酒泉卫星发射中心成功发射"神舟四号"飞船。